JN124948

魚はわが師匠

釣り師の料理ノート

富松由紀

Tomimatsu Yuki

◉弦書房

装丁＝毛利一枝

〈カバー表、折返し、表紙、本扉の魚イラストと本文イラスト〉
広野司

〈カバー裏写真〉
右上＝サバとトマトの煮込み
右下＝アジのごまだし
左＝カワハギの肝あえ
〈カバー折返し写真〉
アユのとも焼き

（写真の料理考案・作成＝富松由紀）

◆目次

2章 上昇志向は魚にも？

スズキ　ブリ　カンパチ

3章 ときには飛んだり、潜ったり

トビウオ　タイ
アラカブ、フグ　タラ

4章 長いものに巻かれても　ウナギ　タチウオ　ハモ

5章 母なる川を目指すこと　サケ　アユ

6章 足に自信あり　エビ　イカ　タコ

7章 身を守る者たち　カキ　アサリ　アゲマキ

8章　釣りは〝想像力〟

はじめに

「海」という教場に通い始めて、早三十年以上が経った。

選んだ科目は、水泳でもカヌーでももちろんサーフィンでもなく、ひたすら「釣り」一本。スマホの電話帳にはいくつかの「漁船名」があり、ときどき各船長から「今度の土曜、空きがあるが乗らんかね?」と誘いがかかる。目の前の仕事やスケジュールを手早く目算し、多少無理でもとりあえず「乗ります!」と即答してきた。

最近こそ年齢のこともあり回数は減ったが、それでも釣り具を持って夜明け前に乗船し、ゆっくりと港を離れる瞬間、潮風を切り裂いて一点の汚れもない群青色の海原を行くひとき、つくづく釣りをしてきてよかったと思う。実際にポイントに着けば、釣れる日も釣れない日もあるけれど、海上で磯の匂いに抱かれていればそれでいい。

海で教わったことはいくつもある。まずはそれまで無知だった海洋の仕組みや魚の生態。満潮と干潮の関係で、あるいは風の向きで潮流が刻々変わり、常に見極めなくてはいけないこと。魚はいつでも食いつくのでなく、人間と同じでタイミングがあること。視覚よりも嗅覚や水の振動で行動すること、などなど。

ここ十数年世界の重大な関心事である「温暖化」も、海でつくづく実感する。真冬に水中に手を突っ込んでも「えっ、冷たくない?!」と感じることがあるし、キャリア五十年超えの船長が「この時期にこんな潮具合はおかしい。昔の知恵が通用せん……」と嘆くのも何度も聞いてきた。

船の上での人間観察も、かけがえない経験値である。いろんな人が乗り合わせる釣り船とは、無粋なようだが〝人間の業〟が如実に表れる場でもある。欲、自慢、競争心、ひがみやねたみ……。また釣りには、技術ももちろん必要だが「運」も見逃せない。あいにく運が回ってこなかった日、「釣れんじゃないか」と船長に食ってかかる方を見てひそかに反面教師とし、大物を釣り上げても静かに次の糸を垂れるおじいちゃんの背にその人生をしのび、一見こわもてのベテランの思いがけない心遣いに触れたりもした。

運よく魚が釣れたら、ありがたく命をいただく。おかげでいろんな魚をさばく時間も縮まり、機会があったら魚屋の手伝いもしたいくらいである。魚の鮮度や骨の構造、どの部分をよく動かし、筋肉が発達して味が濃いかもわかってきた。ちなみに私の大好物はうまみが濃いのに値段は安い〝カマ〟である。

本書は、毎日新聞に十年余り連載してきたレシピ&エッセイの中から、魚料理を取り出してまとめたものである。また8章には、こちらも長く連載した「西日本文化」のエッセイ「晴れても降っても釣り三昧」から抜粋している。

四季ごとにどんな魚がおいしいか、釣り経験を生かせたらと、今回出版の運びとなった。手軽に調理できる肉料理に比してなかなか魚料理は敬遠されがちだが、一品でも食卓に生かしていただけたら幸いである。

1章　群れて生まれる力

アジ　イワシ　サバ　イサキ　サワラ
カマス　キス　カツオ　カワハギ　サンマ

お国柄を表すジョーク。大海原で旅客船が沈没し始めた。なかなか海に飛び込めない船客に、船員が声をかける。アメリカ人には「飛び込めばあなたもヒーローですよ！」。イギリス人には「ジェントルマンなら飛び込めます」。ドイツ人には「これがルールですから」。フランス人には「飛び込まないでください！」。ロシア人には「海にはウオッカが流れてますよ！」、そして日本人には「皆さん、飛び込んでますよ」。（ちなみに韓国人には「日本人も飛び込みましたよ」だそうだが）。

昔からこの国の住人は「群れること」「人と歩幅を合わせること」が特性だと思われていたらしい。

確かにこんな国民性は、周囲と合わない声や行動を非難したり、足を引っ張ったりしがちである。既存の価値観を破壊するような「異端」を恐れるから、日本からフェイスブックやツイッターなどの発想が生まれないのだという指摘もうなずける。

それでも、世界中が脅威にさらされたコロナ禍で、日本人の足並み揃えた協調性が世界諸国に比しても罹患率を抑えられたといわれている。群れることや集団での安心感に慣れ切ってはいけないが、集って力を合わせてこそ可能なこともあるのだから。

魚にも、群れを作って行動する種類がある。アジ、サバ、イワシ、カツオ、イサキなどだ。とりあえず一匹釣れれば、その辺には群れがゴマンと泳いでいるから、船のあちこちで歓声が上がる。ただ、中には群れずにエサの多い岩礁に棲みつくのもいて、これは「瀬付きアジ」などと呼ばれて市場では高値がつくことも。〝一匹狼〟はモテるのである。

1

冷蔵庫でスタンバイ

アジのごまだし

春〜夏

「保存食作り」が好きだ。「いつ」「どんなことが起きても」いいように、日持ちする常備菜を作っては、せっせと冷蔵庫にため込んでいる。今までは非常事態といえど、夜に腹ぺこの友人が不意に来宅とか、仕事で遅くなり料理する気力もない……くらいだったが、今回二年近くも長引いたステイホーム期間中は、想定外の戦力になってくれた。

保存食のバリエーションを挙げると、「肉味噌」「玉ねぎとミンチの炒め（オムレツやチャーハンの具に）「煮アナゴ」「ニンジン土佐煮」「ピクルス」「魚の南蛮漬けやマリネ」「半熟卵の麺つゆ漬け」など（もっとも、保存した時点で満足するせいか、非常事態もないまままつい忘れて、ある日冷蔵庫の奥で哀れな亡骸発見！になったりもするのだが）。

最近、この保存食に新たな顔ぶれが加わった。大分の佐伯市で取材した折、そのおばちゃんから教わった「ごまだし」である。鶴見、米水津、蒲江……いくつも湾が入り組んだあの辺りは、漁も盛んで魚種も豊富。大きく値の張る魚は市場に出し、小アジやカマス、エソなどは焼いて身をほぐし、味噌やゴマと混ぜて「ごまだし」を作る。昔からのおふくろの味、郷土の味覚である。佐伯ではこれをゆでたうどんにのせ、熱湯をかけるのが定番だが、うちでは炊きたてご飯にのせて茶漬け風にする。

冷蔵庫にいつも待機して「いざ」というときに備える保存食。わが台所は安泰である。

1 アジのごまだし

【材料】 5〜6回分

○アジ(カマス、イサキなどでも)
　中2匹
○すりゴマ大さじ4
○味噌大さじ4
○醤油小さじ2
○キュウリ1本
○青ジソ適量

【作り方】

❶アジを焼いて、頭と骨と皮を取りのぞき、身をほぐす。
❷すり鉢に①を入れてよくすりつぶす。
❸すりゴマと味噌、醤油も加えてすり混ぜる。
❹保存容器に入れて冷蔵庫へ。1食分ずつラップで包んで冷凍庫でもよい。食べるときは熱いご飯にのせ、キュウリや青ジソをのせて、熱湯をかけて。または水で溶きのばしてごはんにかけてもよい。

2

ケガの功名

アジの炒りさんが

春〜夏

全国各地を取材で回って、何といっても楽しみなのはその土地ならではの郷土料理を味わうこと。千葉の勝浦や銚子など全国にも知られた漁港の町を訪れたときには、新鮮なアジやイワシの刺身のおいしさに、玄界灘の魚で鍛えられた私の舌も思わず感服したものだ。千葉の漁港の町では、刺身とは別の一皿も何度か出た。アジやイワシの身を、ショウガや青ジソ、ミョウガなどの薬味とともに包丁で細かく叩き、味噌で調味した「なめろう」である。ちょっとねっとりした食感もあいまって、刺身に引けを取らぬ一品である。

このなめろう、面白いのはその「変身」。アワビなどの貝殻に詰めてオーブンで香ばしく焼くと、「さんが焼き」というまた新たな風味が出る。魚のハンバーグとでもいえようか。残ったなめろうを鍋で炒りつけると、これまた「炒りさんが」となって、熱いご飯にのせたりお茶漬けにするとたまらない。

いずれにしても、包丁の切れ味が悪くなったりして刺身がうまく引けなかったとき、思い切りみじんにして、何食わぬ顔で出せばいい。ケガの功名、もしくは災い転じて何とやらである。

2 アジの炒りさんが

【材料】４～５人分

○アジ中２匹
○おろしショウガ大さじ１
○青ジソ７～８枚
○ミョウガ３個
○味噌大さじ２
○ごま油少々

【作り方】

❶アジを三枚におろして皮をはぎ、腹骨や中骨も取り除く。あらみじん切りにしておく。
❷青ジソは千切り。ミョウガはみじん切りに。
❸①と②を混ぜながら、包丁で細かく叩く。途中で味噌とおろしショウガも加える。
❹鍋にごま油を熱して③を炒め、炒りながらほろほろにする。
❺ご飯にのせ、お好みで残った青ジソをのせて。
※多めに作って冷蔵庫で４～５日保存もできる。

3

人生の薬味を考える

アジのたたき

春〜夏

梅雨から夏にかけては、暑さで食事もついつい口当たりのいいそうめんになりがち。そのせいか、冷蔵庫にはいつも出陣体制の薬味一式がそろっている。小ネギ、ショウガ、ミョウガ、青ジソ。そして一味唐辛子やニンニクも切らさぬように。そうめんだけでなく、他の料理にもこれらの薬味は毎日大活躍。食欲減退から救ってくれる。

つるつると冷えた麺をすすっていて、ふと思い出した。食通だった小説家の故池波正太郎さんが何かのエッセイに書いていた一節。

「自分の死を想うことは、人生の薬味である」

小学校卒業後すぐに奉公に出て、株の世界で一心不乱に働き、出征して軍隊の表も裏も体感し、戦後はそれらの体験をすべて血肉として芝居や小説で〝池波ワールド〟を展開した。戦時中はもちろん、病気のときも幾度となく〝死〟を身近に感じたことだろう。

それはとりもなおさず、「より真摯に生きること」への原動力になり、そこに根差す意志こそが私たちの心に迫る文章になったのだと思う。

私にとって、人生の薬味とは何だろうか。

3 アジのたたき

【材料】２人分
○アジ(鮮度のいいもの)大１匹
○キュウリ１／２本
○ミョウガ１個
○青ジソ５枚
○貝割れ適量
○ショウガ１かけ
○醤油少々
○柚子ゴショウ少々

【作り方】
❶アジを三枚におろし、腹骨をすき取って血合い部分の骨も取り除く。
❷皮をはいで身のみにし、細切りにする。
❸ミョウガはみじん切り、ショウガはすりおろし、キュウリと青ジソは千切りに。
❹アジを盛りつけ、薬味類をたっぷりのせ、柚子ゴショウを溶いた醤油をかける。

4

竹の音を聞いた日

アジのすり身の笹巻き蒸し

春〜夏

鹿児島という土地は「竹」に縁が深い。日本で最初に孟宗竹が中国から持ち込まれたのは、江戸中期の薩摩だった。島津家二十一代吉貴が別邸の「磯庭園（仙巌園）」に植栽するためだったとか。今も鹿児島には竹や筍の種類が豊富で、県内各地に竹林も多く、そばを通るとサワサワサワ……と葉ずれの音が響き渡る。

以前取材に行った焼き物のギャラリー「壺中楽」も、閑静な竹林の中に建っていた。建物そのものはコンクリート打ち放し立方体という現代建築そのものなのだが、三方の壁面の大きな窓ガラスにはすべて緑の竹林風景。取材が終わってもしばらくは、その清々しい光景に放心していた。

「音も聞きたい。窓を開けてもいいですか？」。女主人に、ぶしつけにもねだってみた。するとこう返された。「開けなくても、じっと見てると〝音が見えて〟きますよ」

「目で音を聞く」……それは新鮮な発見だった。笹の葉が風で縦横に揺れる。そよいでいる。ガラスで隔てられているのに、しばらくすると耳の奥にザザーッ、サワサワとかすかな音が広がる気がしたのだ。

私たちはもしかして、五感に甘えているのかもしれない。ときには「手で見る」「目で聴く」「耳で見る」。想像力はもっともっと鍛えられる。今日は笹の葉を料理に使った一皿を。

4 アジのすり身の笹巻き蒸し

【材料】３～４人分
○アジ中２匹
○山芋 40g
○塩小さじ１
○クマザサ（菓子材料店などで買える）10 ～ 12 枚

【作り方】
❶アジの頭と内臓を取り、骨も除いて、すり鉢かフードプロセッサーですり身にする。
❷山芋の皮をむいてすりおろし、塩とともに①とよく混ぜ合わせる。
❸笹の葉を洗って軽く拭き、中央よりやや端に大さじ２杯分くらいを置く。
❹中央から折り曲げ、包みこむようにする。
❺笹の葉２枚は細く裂いて、④の根元を縛る。
❻湯気の立った蒸し器で、７～８分蒸す。
❼ポン酢などをつけても。

5

変化球の調味料

冷やし坦々茶漬け

春〜夏

生きている以上、毎日毎日二回か三回は何かしら食事しなくてはならない。アリだけ食べるアリクイは献立を立てなくてさぞ楽チンだろうが、我々はそうもいかない。

家族から「またこれ？」「芸がない」などと身勝手な文句を垂れさせまいと、奮闘するお母さんたちの苦労がしのばれる。

以前から、知人に何かプレゼントするとき、私はよく「自分が使って便利だった調味料」を贈ることにしている。とくに、結婚する女性には。新婚家庭でダンナの胃袋を早めにつかんでおけばこっちのもんだから。

最近の定番は「いしる」と「シラチャーソース」「山椒醤油」「ウニ醤油」「梅味噌」などである。いしるは北陸産で、イカの内臓と塩で発酵させた魚醤。これを入れるとイカの煮付けのコクがグンと濃くなる。シラチャーソースはご存じない方も多いようだが、タイの生まれでシーフード料理によく使われており、数年前にはアメリカで大ブレイク。今やシラチャー風味ポテトチップなども大人気だ。味は甘い＋唐辛子＋ニンニク系で、炒め物や材料の下味、ドレッシングにちょっぴり混ぜるだけでも、いつもと違う風味が得られる。今日の「冷やし坦々茶漬け」も、ちょっぴり入れたシラチャーが隠し味。

5　冷やし坦々茶漬け（アジ、イサキ）

【材料】２人分

○アジやイサキなどの刺身２人分

A（醤油大さじ１、みりん小さじ 1.5、酒小さじ 1.5、塩少々）

○キュウリ１本

○ミョウガ１個

○水３カップ

○味噌大さじ２

○シラチャーソース少々（豆板醤で代用も可）

【作り方】

❶刺身を細かく叩き、鍋に入れてひたひたの水を注ぎ、Aを加えて汁けがなくなるまで煮る。

❷キュウリは千切り、ミョウガはみじん切り。

❸水に味噌を溶き、シラチャーソース少々を混ぜて溶きのばす。

❹茶碗にご飯をよそい、①の魚そぼろと②をのせ、③をかける。

6

弱き者の、強き力

イワシのスープ煮チーズ焼き

初夏〜秋

一般に魚といえば、スーパーや魚屋で買うのが相場。鮮魚コーナーに並ぶ魚たちは、一〜二日前に釣られたり網で掛かっておとなしく成仏しているものばかりだから、釣りをしない人は「生きている魚の力」というのをご存じないと思う。たかだか二〇〜三〇センチほどのタイやアラカブに、何の大した力があるものかと、タカをくくっているに違いない。大間違いである。

魚だって、針にかかればもう「逃げたい、釣られたくない」の一心、死に物狂いだ。針が掛かったまま岩場の穴に潜り込み、まさに火事場の馬鹿力で抵抗する。その力たるや、人間が船上から必死で上げようとしても力負けすることが少なくない。無理に引いて高価な竿を折りたくないせいもあるのだが……。途中で糸が切れて、ジ・エンド。魚に敗北ということだって珍しくない。

これからスーパーの魚コーナーに寄ったら、ヒトと魚のそんな攻防もちょっと想像してみてほしい。弱いといわれるイワシも、集団ならきっと思いがけない力を発揮するのだと思う。

6 イワシのスープ煮チーズ焼き

【材料】２人分
○小イワシ 20 匹
○コンソメスープの素１個
○塩コショウ少々
○白ワイン１／２カップ
○粉チーズ大さじ１～1.5
○パセリ

【作り方】
❶小イワシは頭と内臓を取り、汚れを洗う。
❷鍋に白ワインと水 1.5 カップを沸かしてスープの素を溶かし、塩コショウで調味してイワシを並べ、弱火でコトコト 20 分煮る。汁が少なくなったら水を足しながら。
❸このままでも食べられるが、もう一手間。グラタン皿に移し、粉チーズを振って、オーブンで７～８分焼く。
※煮たイワシは、冷蔵庫でストックし、直前に焼けばいいので、多めに作り置くのもおススメ。

7

寒雪に耐える梅

イワシの梅々揚げ

初夏〜秋

習っている茶道の先生が、「この言葉が一番好き」とよく掛けられる軸がある。京都は大徳寺の明治期の高僧が書かれた堂々たる筆致の五文字。「経霜楓葉丹」。「霜を経て、楓葉丹し」と読むようだ。「厳しい寒さや霜にあたるから、艶やかな紅葉に染まるもの。お稽古もこのように続けなさい」と教わっている。

私も先生と同じようにこの言葉は大好きだったが、先日その出典を知ってなお一層惹かれるようになった。これは一八七二年に西郷隆盛が、アメリカに発つ甥に贈った漢詩の一節だとか。あの語句の前後にはこうある。

「貧居傑士を生み　勲業多難に顕わる　雪に耐えて梅花美しく　霜を経て楓葉丹し（中略）豈に敢えて自ら安きを謀らんや」。国の行く末を思えば、どうして自分が安易な道を進んで行けようか……西郷ならずともあの時代の若者すべての矜持がここだったように思える。

この漢詩、もとは太宰府天満宮に祀られた菅原道真作という説も。九州配流という辛酸をなめたからこそ、この漢詩に込めた心もうなずける。令和の元号ゆかりだと一躍話題になり、全国から注目された太宰府も今、世界的な病禍で観光客が激減し、苦難の真っただ中だ。それでも、境内に育つ多数の梅の木々が、声はなくとも激励してくれている。

7 イワシの梅々揚げ

【材料】２人分
○イワシ４匹
○梅干し２〜３個
○青ジソ５〜６枚
○ゆかり粉(梅じそを乾燥させて砕いたもの。市販)適量
○天ぷら粉適量
○揚げ油適量

【作り方】
❶イワシの頭と内臓を取って三枚におろし、腹骨もすき取る。
❷梅干しは種を取って包丁で叩く。青ジソは千切りにして、梅干しとよく混ぜる。
❸イワシ４枚に②を塗る。もう４枚ではさんで４組作る。
❹天ぷら粉分量の水で溶き、ゆかり粉を混ぜる。
❺揚げ油を熱して④をカラッと揚げる。

コラム① 「魚臭さ」とどうつきあうか

コロナ禍で家庭料理が増えてきた。今までのような外食や食べ歩きも控えざるを得ず、テイクアウトも飽きがきた、家族もそろうし、今までやった事のない料理や食材にも挑戦しようかということだろう。

ドーンとダイナミックな肉料理もいいけれど、魚料理もぜひ増やしてほしい。新鮮なイワシが安かったら梅干し煮やオイルサーディンに。アジは下焼きしてショウガ甘酢に漬ければ保存もきく。丸ごとの鯛を塩釜にして豪華版に、あるいは手頃なカマを焼いてご飯に炊き込む鯛飯……。

メニューは限りなく広がるが、そんな魚料理が敬遠されがちなのは、一つには「手に付いた魚臭さ」かもしれない。調理後に石鹸で洗ってもなかなか取れにくいのが悩みの種である。

魚特有の生臭さの正体は、内臓や血肉に含まれるジメチルアミンと呼ばれるもの。実はこれは魚ならではの旨味成分でもあるのだが、同時に悪臭の原因にもなってしまう。魚に付着していた微生物がジメチルアミンを分解しながら繁殖することで、トリメチルアミンと呼ばれる物質が発生して生臭さの原因「アミン臭」を発するのだ。とくに鮮度がやや落ちたときは臭いもきつい。

これを素早く、しかも不思議なほど消す方法がある。水道の蛇口を、臭いの付いた手で〝磨く〟つもりで五～六往復するのである。やや強めでもいい。すると、さっきまでこびりついていた魚臭さが瞬時で消えている。あまつさえ、蛇口もきれいになるのだから、まさに一石二鳥だ。アミン臭は、ステンレスに磁石のように吸いつく性質をもつので、ステンレス製の蛇口に吸い取られるというわけである。

またアミン臭はアルカリ性なので、酸性物質と合わせると化学反応が起きて臭いを抑えられる。アジやイワシを煮るとき、酢や梅干しを加えると臭み消しになるという昔の知恵も、その理屈に裏付けされているわけだ。手が生臭いときにもし、朝淹れたレモンティーのレモンが残っていたら、指先をぐっと突っ込んでこするようにすると、こちらもさっぱり消える。蛇口磨きでも落ちなかった爪の中は、ぜひこちらでお試しを。

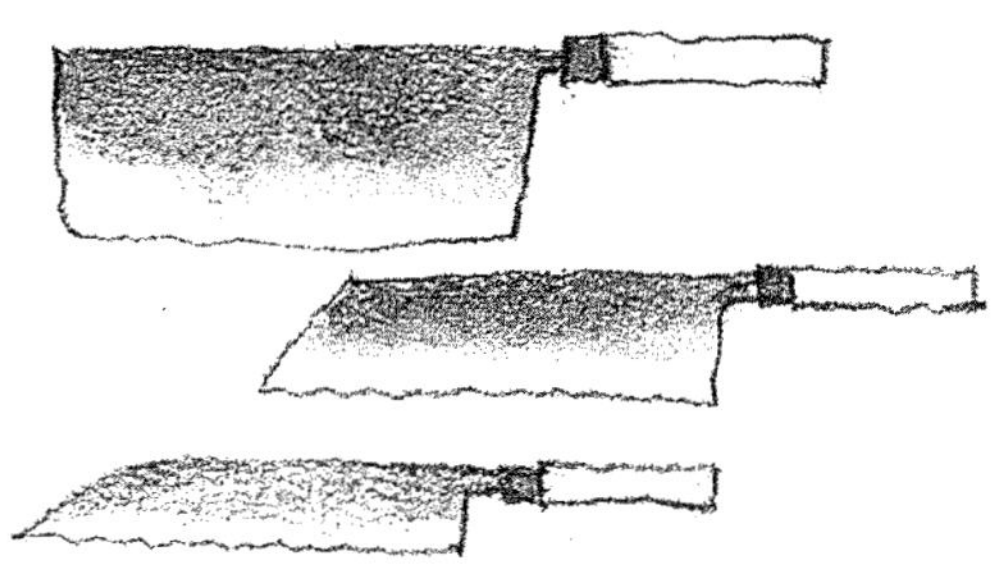

8

超特急の梅仕事

梅味噌のイワシソテー

初夏〜秋

今週からいよいよ梅雨本番の空模様である。

「梅雨」という文字は、もともと中国の発祥らしい。あちらでもこの六月から七月にかけて、ちょうど梅の実の熟すころ、長江流域で必ずのように長雨が続くことから、「梅雨」と呼ばれ、それが江戸時代に日本にも伝わったという説がある。

また、この語を「つゆ」と呼ぶようになったのも、今の時期に雨で木の葉から露が滴る景色を重ねたとも（こちらにも諸説あり）。

祖母が健在だった頃は、この季節の口癖が「さあ、梅仕事だよ」だった。近所の八百屋から山のように青梅が届いて、梅干しや梅シロップ、梅味噌、梅醤油など何種類もの加工に、家族総出で追われたものだ。

中でも梅味噌は、梅と味噌と氷砂糖を交互に重ねて漬け込むもので、一か月後くらいから使えるようになる。ほんのり梅の香る酢味噌のようなもので、キュウリなどの野菜を和えたり焼き魚に添えたりと、一年中大活躍だった。

「今すぐ食べたい！」という向きには、こんな大短縮バージョンも。青魚によく合います。

8 梅味噌のイワシソテー

【材料】梅味噌は作り置き用
○梅（完熟したもの）300g
○砂糖 250g
○味噌 300g
○イワシ
○塩コショウ
○小麦粉
○サラダ油

【作り方】
❶梅のヘタを取り除き、たっぷりの湯で３～４分ゆでる。
❷皮が破れてきたらザルにあげ、あら熱を取る。
❸指で押すようにして種を取り除き、皮ごと包丁で叩いてペースト状にする。
❹鍋に③を入れ、砂糖を加えて火にかけ、練りながら混ぜる。
❺味噌を加えて混ぜながら仕上げる。
❻イワシは三枚におろし、塩コショウして小麦粉をはたき、サラダ油でソテーする。梅味噌をたっぷりかけて。

9

なにわ商家の知恵

サバの船場汁

晩秋〜早春

昭和後期、花登筺という売れっ子脚本家がいた。得意としたのが大阪商人の世界を描く根性ドラマ。船場や道頓堀の大きな商家に丁稚奉公に入り、先輩たちのえげつないいじめにも耐えて才覚を発揮し、のし上がる……こんなストーリーが何本もヒットした。

今でも「あかんたれ」「道頓堀」「どてらい男」などスラスラ思い出せる。恥ずかしながら、小さい頃からこんな花登ドラマのファンだった。どのストーリーにも共通する「大阪の濃厚な商哲学」が、子ども心にも強烈に響いたのだと思う。

どのドラマか忘れたが、主人が番頭に言うセリフ。「商売仲間の旦さんたちとお付き合いするときは、向こうが十万使うたらこっちは十五万使いなはれ。ケチケチしたら、いざというとき〝商いの切っ先〟が鈍りますのや」

普段の暮らしは、たとえ主人でも決して贅沢はしない。食べるものも節約に徹する。それを大阪弁で「しまつ」と言ったが、ここ一番というときの「生き金」は惜しまない。現代のＩＴ長者たちに、こんな商哲学は通用するのだろうか。

船場の商家の定番だったこの汁もの。本当は塩サバのアラを使うが、今日は身も。

9　サバの船場汁

【材料】２人分

○塩サバ(二枚おろしの片身部分で骨付きの方がよい)
○大根 200g
○昆布だし４カップ
○白だし大さじ１
○酒小さじ２
○コショウ少々
○貝割れ少々

【作り方】

❶塩サバは２センチ幅くらいに切る。
❷大根は短冊切りに。
❸昆布だしを沸かし、①と②を入れて、アクを取りながら煮る。
❹白だしと酒で調味。塩サバの塩分によって調節。
❺仕上がりにコショウを多めに振って。椀によそって貝割れを散らす。

10

洋と和の美しい調和

サバのトマト味噌煮

晩秋〜早春

以前から念願だったある宿に、ようやく予約が取れた。長崎県五島列島の一つ、小値賀島にある古民家の宿。築一〇〇年を超す日本家屋の黒光りする柱や梁、がっしりした天井や庭を生かしながら、キッチンやバストイレは最新式に改装してある。そんな古民家が小値賀島には何軒もあって、都会から熱望して訪れ四〜五日逗留する人も少なくない。

こうした日本家屋の、風土や文化や時間によって醸しだされた美に光を当てたのが、アメリカ人のアレックス・カーという人だった。幼少期を日本で過ごし、母国の大学であらためて日本学を学んだ彼は、成人して再び日本の土を踏む。そして徳島の秘境や京都、ここ小値賀島や鳥取などで、忘れられていた日本家屋のたたずまいに魅了され、自らも改装を手掛けて、誰もがくつろげる居心地のいい空間を生み出した。

私もあと数週間先、ひんやりとした土間や天井の木目、ほの暗い空間に灯るあんどん、磨きこまれた戸棚や柱など、久しく忘れていた感触に包まれるのが楽しみだ。

異国の目だからこそ見出せるもの。たとえば日本伝統の味噌でも、洋野菜のトマトと合わせて、味の深みが何倍にも増すこんな一品に。

10 サバのトマト味噌煮

【材料】２人分

〇サバ切り身２切れ

A（味噌大さじ２、みりん大さじ1.5、砂糖小さじ２、トマト水煮缶大さじ４、水大さじ５）

〇塩コショウ

〇小麦粉少々

〇サラダ油小さじ２

〇エリンギ１パック

〇カブ中１個

【作り方】

❶Aを合わせておく。

❷サバは軽く塩コショウして、小麦粉をはたいておく。

❸エリンギと皮をむいたカブも食べやすく切る。

❹フライパンにサラダ油を熱してカブとエリンギを炒め、②も入れて両面焼く。中まで火が通らなくてもよい。

❺①を加えて、中弱火で煮含める。

11

この魚、女たらし?!

サバとトマトの煮込み

晩秋〜早春

大学時代のフランス語の先生（女性）は、幼少期のじんましんのせいで超が付く「サバアレルギー」だった。その先生がフランスに留学したとき、想定外の困難に見舞われた。フランスで「やあ」とか「元気？」というごく日常の挨拶が「サバ？」（正確には「サ・ヴァ？」）なのである。馴れるまで一か月ほど、かわいそうに先生、身も細る思いだったとか。

ちなみにフランス語でサバは「マックロウ」と呼ばれるが、この意味は何と「色事師」とか「女たらし」「ひも」。あの魚のどこをそんなに色っぽいと思うのかしら。

十数年前、私は北欧のノルウェーを旅した。さすが北海の漁業の国、顔ぶれ豊かな魚屋の中にサバもたくさんあった。日本の塩サバの多くがノルウェー産だから、当然である。

北欧名物のスモーガスボード（種々の冷製料理）もトライした中に、意外なサバ料理を発見。トマトや野菜と煮込んであるのだ。身はぐずぐずに煮崩れていたが、それがまたおいしい。野菜の効果か、魚の臭みも皆無。現地ではその料理のチューブ詰めまで売っていたから、きっと国民的にポピュラーな料理法なのだろう。

ノルウェーでサバを何と呼ぶのか、残念ながら聞き忘れたが、堅実で生真面目なあの国のこと、まさか「女たらし」ではあるまい。

【材料】３～４人分
○サバ１匹
○玉ねぎ大１個
○セロリ１本
○ニンニクみじん切り１かけ分
○トマト水煮缶１缶
○バジル数枚
○アンチョビペースト少々
○スープの素１個
○オリーブ油大さじ１
○塩コショウ

11 サバとトマトの煮込み

【作り方】

❶サバを三枚におろし、血合い骨、腹骨を取って皮もはぐ。(刺身用を使ってもよい)。７～８ミリ幅に切っておく。
❷玉ねぎとセロリはあらいみじん切り。
❸鍋にオリーブ油を熱し、ニンニクとアンチョビを炒めて②も加え、炒める。
❹しんなりなったらサバを入れて白くなるまで炒め、トマト水煮と水１カップ、スープの素、刻みバジルを加えて煮込む。塩コショウもここで。
❺汁けが煮詰まったら味を見て調える。
❻薄切りパンなどにのせて。冷蔵庫で１週間程度保存も可。

12

サバの旅路

焼きサバそうめん

晩秋～早春

京都の名物に「サバずし」がある。塩と酢で締めたサバを酢飯にのせた棒ずしで、超有名店だと一本三千円近い高級料理だが、もとは庶民の食卓のおなじみだった。

海から遠い京都でなぜ、サバのすしが名物に？とも思うが、昔、日本海側の若狭辺りで獲れたサバに塩をして（今のような流通も発達してないため）、商人や馬が背負って京都まで大急ぎで運んでいた。このルートがいわゆる〝サバ街道〟である。京都に着く頃にはちょうど塩がよくなじみ、しめサバにもってこいだったらしい。

このサバ街道には、途中の琵琶湖沿岸の長浜を通るルートもあり、その地域でもほどよく塩気が回ったサバを使う郷土料理が工夫された。それがこの「焼きサバそうめん」である。塩をしたサバをこんがり焼いて、甘辛い汁で煮て、下ゆでしたそうめんも加えて味をなじませる。だしは使ってないのに、焼いたサバから何ともいいだしが出て、箸が進む。

長浜では濃いめの味付けでご飯のおかずにするが、調味はお好み次第。秋サバの季節には、夏の疲れ解消にもぜひ賞味したい。

12 焼きサバそうめん

【材料】２人分
○サバ２切れ
○塩少々
A（水 100cc、醤油大さじ３～４、みりん大さじ２、砂糖大さじ１）
○そうめん 200g
○青み（チンゲンサイなど）適量

【作り方】
❶サバに塩を振って 10 分ほど置き、ペーパーで水気を取ってから両面こんがり焼く。
❷Aを合わせて煮立てる。
❸サバが焼けたら②に入れてさっと煮る。
❹そうめんを硬めにゆでてザルにあげ、水洗いしてぬめりを取る。
❺③の鍋にそうめんを入れてさっと煮る。
器にそうめんとサバを盛って汁をかけ、ゆでた青み野菜を添え。

13

東北からの秋の味

焼きサバそぼろ

晩秋〜早春

あちこちに「新米」の二文字が張り出される季節。わが家にも東北から新米が届いた。

東日本大震災のとき、二十数年前の取材で懇意になった岩手県大船渡市の農家の、ご自宅はすべて流されたけれど、幸い家族はご無事だった。ようやく電話がつながり、電話の向こうとこちらで安堵の涙にむせんだのが、ついこの間のようだ。

「また一からがんばりますわ」と、噛みしめるように言われたその言葉通り、震災の四年後からふたたび新米が届くようになったのだ。

家や農舎を建て直し、失った農機具を買いそろえ、海水をかぶった田んぼの土を元通りに耕作しなおし、苗を植えて、それでも最初の一、二年は「納得のいく味にならなくてまだ送れません」と手紙が来た。その後、考えうるあらゆる手だてを尽くしたのだろう、以前にも増して美味しい米を復活させたようだ。

届いたその日に早速炊いたご飯の、何とふくよかな香りだったこと。ほのかに甘く、噛むごとにいろいろな思いが込み上げて、少ししょっぱくなった。

今年も飛びきりの新米。祖母から教わった〝ご飯の友〟でいただこう。

13 焼きサバそぼろ

【材料】 3～4回分

○サバ(塩サバでもよい) 1匹
○塩
○すりゴマ(白)適量
○酒少々
○醤油少々

【作り方】

❶サバを三枚におろして、強めに塩をしてしばらくおく。
❷一度洗い流し、再び軽く塩を振ってグリルで両面こんがり焼く。(塩サバならそのまま焼いて)
❸骨と皮をよく取り除く。身を細かくほぐす。
❹鍋に③を入れ、酒を振って炒りつける。
❺すりゴマと醤油を加えて仕上げる。
❻ビンなどに詰めて冷蔵。食べるときに、刻みネギや青ジソなどを混ぜて。

14

夕べのリフォーム

塩焼きイサキの春巻き

初夏〜夏

二十年ほど前取材した漆職人の工房を、その後もときどきお訪ねする。「現代生活の中で、漆を使う人が減って……」と嘆きながらも、実直な仕事をずっと続けてきた人だ。

先日お邪魔したとき、ちょっと変わったお皿に目が行った。少し歪みのある楕円形で、丸みのあるフォルムがすっぽり手のひらに収まる。

「これいいでしょ。実は一〇〇円ショップでフィリピンの木皿で、表面がウレタン塗装だったのを一生懸命はがして、三重に漆塗りで仕上げたんですよ」

顧客にも評判がよく、輸入業者に聞いて何百枚か発注しようとした。が、現地の事情を聞いて思いとどまったという。「安く上げるために、子どもたちを働かせて作っているらしい。また、売れるとなると森林の木を無計画に伐採する傾向もあるようです。そうなると僕の仕事のやり方と矛盾するようで……」。職人魂とはこういうことにもつながるのかと、考えさせられた。

漆製品は、欠けたりはげたりしても何度でも修繕がきく。最後まで物の命を大事にする、いい仕事だと思う。見習って、昨日のイサキの塩焼きの残りも使い切ろう。もちろん新しく作っても！

14 塩焼きイサキの春巻き

【材料】２人分

○イサキ（アジやサバでも）１匹
○青ジソ６枚
○春巻きの皮５枚
○揚げ油適量

【作り方】

❶イサキに塩をしてこんがり焼き、骨と皮を取ってあらくほぐしておく。
❷春巻きの皮を対角線に切って三角にし、青ジソを敷いて、ほぐしたイサキをのせ、きっちり巻いて10個作る。
❸揚げ油を熱して②を揚げる。好みで、塩やカボスなどを振って。

15

指先だって進歩する

イサキのふわふわ揚げ

初夏〜夏

この年齢になると（いくつかって？想像にまかせます）、身体能力の衰えは当然である。もともと近眼とは縁がなく、遠くの看板文字を得意げに読んでいたのが仇となり、老眼は人より早かった。忘れものは日常茶飯事で、何かを思いついて立ち上がった途端にその用を忘れている。生まれ持った身体能力はもう上がることなどないとあきらめていた。

ところが先日、その思い込みが大反転したのだ。場所は船上、そう、釣りの最中である。私たち素人は普通、「竿釣り」である。しかも電動リールだから、魚が掛かったらスイッチを入れればグーンと自動で巻き上がる。正直言って太平楽である。

しかし、最近乗り始めた船の船長は、それを許してくれない。道具に頼らず「手で釣れ」というのだ。仕掛けをつけた糸を指に掛け、海中に落とす。六〇〜七〇メートル下の海底で、エサの生きエビに魚が食いついたら、全力で引き上げる。

最初は〝アタリ（魚が針をつつくこと）〟も分からなかった。ところが二回、三回と失敗を重ねるうち、海底でエビがモゾモゾ動く様子や魚がかじっている感じが、指で！　知覚できるようになった。感覚と体力を頼りに魚と格闘するのは、原始の先祖たちに戻ったようで、大げさでなく「鳥肌が立つ」。今回はその〝指〟で釣ったイサキで一品。

15 イサキのふわふわ揚げ

【材料】２人分
- ○イサキ中１匹
- ○青ジソ数枚
- ○市販の天ぷら粉適量
- ○片栗粉適量
- ○卵白１個分
- ○揚げ油

【作り方】

❶イサキは三枚におろして腹骨をすき取り、血合い骨もできれば抜く。
❷５～６つに切り、軽く塩をする。
❸青ジソは千切り。
❹卵白を固く泡立てる。
❺天ぷら粉とその半量の片栗粉を混ぜて水溶きし、④と青ジソをさっくり混ぜる。
❻油を熱して、イサキに⑤の衣をつけて揚げる
❼揚げたてに塩を振って。

16

居酒屋＋家族＝？

サワラの香味あんかけ

冬〜春

数年前の「食」のキーワードで「いざか族」というのがあった。漢字で書けば「居酒屋」と「家族」を掛けあわせた言葉。つまり、家族連れで居酒屋を訪れ、飲食を楽しむことだ。そういえば最近、行きつけの居酒屋でも、小さな子連れの若夫婦によく会うし、昼間にママ友同士で集まる食事会も、こじゃれたカフェと並んで意外に居酒屋がブームだと聞く。一九九〇年代の居酒屋ブームで若い日を過した世代が親になって、通いやすいせいもあるし、店側もオシャレなメニューや子ども向けの料理、デザート類を充実させて、積極的に対応しているらしい。中にはおもちゃを用意したりキッズルーム設置の店もある。頭が下がる企業努力である。

それはそれでいいのだが、男性陣、とくに会社帰りに一杯飲んでくつろぎたいお父さんたちからは、ちょっと不満も聞こえてくる。せっかく仕事疲れや家での肩身の狭さから逃れて飲みに入った店で、まわりを子どもたちが走り回ったり騒いだりしていたら、そりゃあ興ざめだろう。「いざか族」も最低限の子どものしつけはちゃんとして、そのあたりの配慮は必要かと思う。

先日初めて行った居酒屋で覚えたのが、この一品。

16 サワラの香味あんかけ

【材料】２人分
○サワラ２切れ
○醤油少々
○酒少々
○片栗粉少々
○揚げ油適量
○長ネギ１本
○ショウガ１かけ
○ミョウガ２個
○だし２カップ
A（すし酢大さじ1.5、醤油小さじ２、酒小さじ１）
○水溶き片栗粉少々、青み

【作り方】
❶サワラに醤油と酒で下味をつけておく。
❷長ネギとショウガ、ミョウガはみじん切りにする。
❸鍋にサラダ油少々を熱して②を炒め、だしとAを加えて煮立て、水溶き片栗粉でとろみをつける。
❹揚げ油を熱し、①に片栗粉をまぶしてカラッと揚げる。
❺器に盛って、③の香味あんをかける。枝豆などで青みを添えて。

17 利休と朝顔

サワラの利休照り焼き

冬〜春

毎年朝顔の咲く季節になると、千利休と豊臣秀吉のエピソードが思い浮かぶ。利休の庭の朝顔が満開で見事だと評判を聞きつけ、秀吉が茶事に訪れる約束をした。ところが利休宅に着いてみると、満開だったはずの朝顔がすべて切り取られている。驚きつつ秀吉が茶室に入ると、床の間にたった一輪だけ、楚々と活けてあった。利休の目指した「侘び」の美意識が秀吉の心に迫ったという逸話である。

豪華絢爛を好んだ秀吉と、余分をすべてそぎ落とし、究極の簡素に美を見出した利休の、火花の散るような茶事であったろう。

庭には花を無残に刈られた無数の茎だけが林立している。その様子はまるで、天下統一を目指す秀吉がしかけた多くの戦で、命を落とした兵士たちにも見えたと思えば、ぞくっとする話でもある。

料理にも「利休」の名がつくものがある。ゴマをたっぷり使った調理法だ。どうやら彼はゴマが大好物だったようで、魚や野菜に黒ゴマをまぶして揚げると「利休揚げ」、煮汁にすりゴマを加えると「利休煮」となる。こんな風に焼きものにしても、栄養もアップし、風味がいい。

17 サワラの利休照り焼き

【材料】２人分

○サワラ２切れ

A（すりゴマ（黒）大さじ 1.5、醤油小さじ 1.5、みりん小さじ２、味噌小さじ１）

【作り方】

❶Aをよく練り合わせておく。

❷サワラ切り身にかるく塩をして、グリルで両面焼く。オーブントースターでも可。

❸②を取り出し、①を片面にたっぷり塗って再びグリルへ。焦げないように注意しながら、炙る程度に焼く（１分程度）。

18

福岡の隠れ名産魚

サワラのキムチしゃぶしゃぶ

冬〜春

毎年二月に福岡県芦屋町で開かれる「さわらサミット」。福岡で豊富に獲れるのに意外に知られてないサワラを大々的にPRしようというイベントだ。

よく福岡の魚といえば、「胡麻サバ」などで知られるサバや、アジだと思われがちだが、サワラの水揚げは何と全国二位という、ずば抜けたポジションなのだとか。

そういえば以前、よく乗る釣り船の船長から「インスタントだしの利用が増えると、サワラが太る」という、まるで判じもののような話を聞いたのを思い出した。

昔ながらのだしの材料のイリコは、小さなカタクチイワシを干したものだが、インスタントだしが普及したことでとんと需要が減ってしまった。後継者不足もあり、カタクチイワシ漁も激減。すると当然ながら、海洋中のカタクチイワシは増えていく。これをこのんでエサとするのが、サワラだというのだ。エサが増えてホクホクのサワラが、どれもよく太り、脂ものって。個体数も急増する。自然界の輪廻は、まことにわかりやすい。

そういえば最近、スーパーなどでもびっくりするほど厚みのあるサワラの切り身をよく見かける。手ごろな値段なので買いやすい。「風が吹けば桶屋が儲かる」のような、意外なサワラストーリーである。

18 サワラのキムチしゃぶしゃぶ

【材料】

○サワラ 250g（三枚おろしで皮もはいだ状態）
○鯛のアラ 300g 程度
○酒少々
○塩適量
○昆布だし４カップ
○白だし適量
○白菜キムチ 100g
○青菜やキノコなど

【作り方】

❶サワラは薄切りにしておく。
❷タイのアラにきつめに塩を振って、グリルでこんがり焼く。昆布だしを熱くしたところに、ジュッと入れてしばらく煮だして「だしベース」を作る。
❸②に白だしと刻んだキムチを入れて味を調える。
❹土鍋に③を移して煮立て、サワラや野菜をしゃぶしゃぶしながら食べる。

19

台所に便利な小人

カマスの中華蒸し

秋〜冬

年間通してわが家はほぼ宴会場、もしくは居酒屋状態である。仕事仲間や友人の集まり、取材の打ち上げ、イトコの食事会など、何かといえば会場になる（本人が「じゃあうちでやろうよ」と手を挙げるくせに、と外野の声）。人数は三〜四人から多いときは十人近く。ほとんど夕方からなので、昼間ある程度準備や下ごしらえをしておけば、始まってから台所に籠りっきりにならなくていい。だって宴会の最大の楽しみはおしゃべりなんだから。

そのための必須メニューが「蒸しもの」や「オーブン料理」である。「鶏とさつま芋の味噌風味蒸し」「アゲマキの酒蒸し」「野菜の豚のせ蒸し」、オーブンでは「鯛の塩釜」「ミートローフ」「卵と海鮮の焙烙焼き」などなど。下味をつけた素材を鉢に盛って蒸篭に入れ、ガスを点火するだけにしておく。あるいは万端整えてオーブンにセットし、スイッチを入れれば完成、という具合に。要は、前もって作っておいた（冷めてもいい）前菜や煮物をまず出し、座っておしゃべりしているうちに料理が出来上がればいいのだから。

主はちゃっかり座ったままで、いつの間にか料理が出てくる……お客が怪訝な顔をしたら、そのときはこう答えることにしている。

「ウチの台所には、便利な小人がいるからね」

19 カマスの中華蒸し

【材料】２人分
○カマス中２尾
○長ネギ１／２本
○ショウガ１かけ
○生椎茸２枚
○筍（水煮）10g 程度
○塩コショウ
○青ジソ３～４枚
○ごま油少々
○ポン酢醤油適量

【作り方】
❶カマスは３枚おろしにする。腹骨も取り除いて、軽く塩コショウする。
❷長ネギとショウガは千切りに、生椎茸は軸を取って細切り。筍も細切りに。
❸カマスを皿にのせ、上から②をたっぷりかけて、湯気の立った蒸し器で７～８分蒸す。
❹蒸し上がったら熱したごま油をまわしかける。
❺取り出して盛りつけ、千切り青ジソやカボスを添えてポン酢醤油などで。

20

皮のむき方＋と一

締めキスと野菜のゴマ酢和え

春〜初夏
晩秋

今の歌舞伎界を背負う世代といえば、やはり松本幸四郎、尾上菊之助、中村勘九郎・七之助兄弟、市川海老蔵あたり。この間まで「若手」といわれていたが、今や堂々たる主力陣となった。中でも昔（染五郎時代）からファンだったのが、松本幸四郎。祖父に先代白鸚、父に当代白鸚、叔父に中村吉右衛門という錚々たる家系の御曹司。受けついだものも当然あるが、何といってもこの人の強みは「喜劇」が抜群にうまいことだと思う。あの三谷幸喜も彼を「マトリューシュカ」「決闘！高田馬場」と二本の主役に使っている。

私も両方の舞台を見たが、「バカな自分を冷静に笑う」目を持った正真正銘の役者であった。イケメンが喜劇を演じられると、これはもう百人力である（阿部寛にもその素養十分にあり）。喜劇に挑戦することで幸四郎は（染五郎時代から）、役者として「一皮むけた」のかもしれない。

人間にとって「皮がむける」のは「吉」だが、こと野菜となるとまた別。たとえばニンジンも私たちが皮と思ってむいているのは、実は身だとか。本当の皮は極薄で、生産者が洗浄する際にむけてしまうらしい。初夏のジャガイモともども、皮ごとの調理が賢明である。今日は締めキスと合わせて。

20 締めキスと野菜のゴマ酢和え

【材料】２人分
○キス３～４尾
○塩小さじ 0.5
○酢大さじ 1.5
○ニンジン少々
○キュウリ１／２本
○ミョウガ２個
○すし酢小さじ 1.5
○すりゴマ小さじ 1.5

【作り方】
❶キスは３枚におろして腹骨をすき取る。
❷①に塩を両面まぶして、30 分ほど置く。
❸30分たったら塩を洗い流し、酢に漬けて10分おく。
❹その間に、ニンジンとキュウリとミョウガを千切りにしておく。
❺すし酢とすりゴマを合わせる。
❻締めたキスを斜め切りにして、ニンジンとキュウリとミョウガと一緒に⑤であえる。

21

回遊型女子とは？

カツオのだし茶漬け

初夏
晩夏〜秋

手帳のスケジュールがぎっしり詰まっている人がいる。仕事時間の午前九時〜午後六時以外にも、たとえば出社前に午前七時から「朝ヨガ」ジムに通ったり、遠回りしてウォーキングしたり。終業後は、必ずといっていいほどどこかに寄って帰る（短時間しかいられなくとも飲み会とか語学セミナーとか）。休日も朝早く起きて活動開始。「一日中家にいたこと」がほとんどない。そして、年に数回は必ず旅行に出かけもする。

そんな知人女性に言わせると「ボーっとしていると罪悪感を感じてしまう」とか。私など、日曜日にぼんやり過ごして気づけば午後三時……みたいな日が多々あるというのに。

こんなタイプの女性たちを「回遊型女子」というそうだ。もしかしたら、仕事が猛烈に忙しく、「就業時間がつらい分、プライベートを充実させたい」とか、「人生を少しでも実り多くしたい」というのが原動力なのかもしれない。疲れないかと心配になるが、体にはどうぞ気をつけてと見守るばかりである。

魚も、マグロやカツオなどの回遊魚は、泳ぎを止めると死んでしまう。生きるために活動し続けるのだ。

21 カツオのだし茶漬け

【材料】２人分

○カツオ(刺身用でよい)10切れ程度

○醤油大さじ１

○酒大さじ１／２

○柚子ゴショウ少々

○ご飯２杯分

Ａ(だし３カップ、白だし小さじ２、塩少々)

○刻み海苔適量

【作り方】

❶カツオを親指先くらいに切る。

❷醤油と酒、柚子ゴショウを混ぜ、①を１時間くらい漬けこむ。

❸Ａを熱く沸かす。

❹ご飯を茶碗に盛り、②をのせて、海苔や青みを散らして③をかける。

22

肝の力、胆の力

カワハギの肝あえ

秋〜冬

釣り方で楽しみな魚の一つがカワハギだ。おちょぼ口でエサを吸い取り、なかなか針にかからないのは癪に障るが、釣りあげた快感も大である。何よりも、秋から冬にかけては「肝」がずんずん肥えてくる。腹を裂くとブルンと飛び出す黄色がかった肝。包丁で叩けばねっとり刃にまといつく。醤油で溶き、身をつけて食べる。ああ……。濃厚な甘さに酔いつつ、少し高尚なことも考える。これほど人を酔わせる肝の力、人間でいえば何だろう。

高校の頃、かなり年配の古文の先生から聞いた言葉。「胆力を鍛えたまえ」。あの頃はピンとこなかったが、今になると身にしみる。ことにあたって、恐れず、尻込みせず、動じない気力。たとえうまくいかないときも平常心を保てる力。「百点を取るより大事だぞ」と、その言葉がときどき蘇る。

熊沢蕃山という江戸期の儒学者がいた。庶民の救済に奔走し、藩や幕府と鋭く対立して流浪を余儀なくされ、晩年まで禁錮にあっても動じなかった人物。彼が詠んだ「憂きことのなおこの上に積もれかし　限りある身の力試さむ」の歌は、同窓会でもよく話題に上る。

今度カワハギ釣りで苦戦したときも、この歌を〝肝〟に銘じて、じっと耐えよう。

22 カワハギの肝あえ

【材料】２人分

○カワハギ４匹(大きめなら２匹、鮮度の良いもの)

○酒小さじ２

○柚子ゴショウ少々、味噌小さじ 1.5

○おろしショウガ少々

○ネギ少々

【作り方】

❶カワハギの頭を落として肝を取り出し、皮をはぐ。

❷三枚におろして、身を細切りにする。

❸肝をザルに入れてさっと熱湯をかけ、裏ごしする。

❹③に味噌と酒、柚子ゴショウ、ショウガとネギを加えて混ぜる。

❺身を④であえて、盛りつける。

23

旬の魚がぎょろり

サンマの龍眼焼き

秋

取材で全国各地を回った中で、仕事を離れて個人的に旅したいと思う場所がいくつかある。長野県の小布施という町もその一つ。栗が特産で有名だが、意外に知られてないのが、あの葛飾北斎の長逗留地ということ。

「富嶽三十六景」や「北斎漫画」などで浮世絵の鬼才といわれた北斎は九十歳で没したが、彼が八十四歳から八十八歳までの晩年を過ごしたのがこの小布施。ここでの北斎は、浮世絵よりもむしろ肉筆画に精魂を傾けた。小布施の祭りの山車天井に描かれた巨大な龍と鳳凰や、美人画などは、とても老境とは思えない、らんらんと輝く生の燃焼を思わせる。

とくに「龍」は、北斎が死ぬまでこだわったモチーフで、最期の絶筆「富士越龍」も、富士山上から雲を呼んで昇天する龍に、自らをなぞらえたという人もいる。ある意味で人を寄せ付けぬ孤高の龍の気迫でなければ、あの画業は成し遂げられなかったかもしれない。

龍からいきなり卑近な料理に移るのも気が引けるが、調理名にも「龍眼」と名の付くものがある。切り口を「龍の目」に見せるのだ。秋が旬のサンマも、三枚におろして身をくるりと巻いてから焼く。ぎょろりと皿の上でにらむ目は、そういえば芥川龍之介の肖像写真にもちょっと似ている。小布施では今年も、栗がよく実るだろうか。

【材料】２人分
○サンマ２匹
○醤油大さじ１
○酒小さじ２
○おろしショウガ少々
○エリンギ大１本

23 サンマの龍眼焼き

【作り方】

❶サンマの頭と尾を取って三枚におろし、腹骨もすき取る。

❷内臓を包丁で叩いてねっとりさせる。これに醤油と酒、おろしショウガを混ぜて、①を１時間漬ける。

❸エリンギをサンマの身の幅の細切りにする。

❹サンマの身で、③を芯にしてきっちり巻き、爪楊枝で止める。

❺グリルにアルミ箔を敷き、④を並べて焼く。焦げやすいので上からもアルミ箔をかぶせ、最後に少し焦げ目をつける。

コラム② 釣ったら最後の最後まで

釣ってきたいろんな魚を、それぞれの風味や食感に合わせて調理する。これこそが釣りの醍醐味なのだが、さばいて煮炊きした後のシンク内はといえば……。残った頭や骨、内臓などのアラが山積みになっている。これが最後の難関であり、ここまでしっかり始末してこそ釣りの王道である。

私が住む福岡市は生ゴミ回収が週二回、おそらく他の地域も同じだろう。うまく回収日の前日に釣りに行ければいいけれど、毎回そうもいかない。ヘタすると、三日後なんてときもある。その間このアラを、臭いを出さずどうストックしておくか。

まず頼りになるのは新聞紙。しっかり水切りをしたアラの生ゴミを新聞紙できっちり包んで、さらにポリ袋に密閉して、冷蔵庫で保管する。生ゴミの臭いの元は水分なので、新聞紙で吸収させておくのである。聞けば、新聞の印字インクには消臭作用もあるらしく、他の紙類よりも効果が高いようだ。二～三枚重ねて包むと、骨などでポリ袋が破れるリスクも防げる。

さらにおすすめアイテムは、ポリ袋でなく、ポテトチップスなどの袋。一般的なポリ袋は空気を通してしまうが、菓子の袋は臭いの透過率が非常に低いので、防臭効果がより高い。わが家でも、食べ終わった菓子の袋を常時四～五枚ストックしている。

もっとも、うちではそのまま生ゴミにすることはあまりない。内臓は無理だが、頭や骨（身も多少付いている）は、スープや炊き込みご飯に活用するから。

鯛でもアジでもイサキでもスズキでもアラカブでも（サバやイワシはあまり向かないよ

うだ）、アラについた血や汚れを水洗いした後、少々強めに塩を振って、まずはグリルでキツネ色にこんがり焼く。その間に、鍋で昆布だしをとっておき、焼けた熱々の骨や頭をジュッと入れて五～六分コトコト煮出すのである。新鮮な魚だけが出せる極上のスープは、そのままでも、味噌汁のベースにしても、あるいは炊き込みご飯を作っても、文句なしに美味しい。この場合、焼けた頭や骨の間の身をほじって取っておき、炊けた後で千切りショウガなどと一緒に混ぜ込むといい。肉も骨の周りが一番美味だというが、魚だって同様なのだ。

もちろん、身を取った後の骨や頭も最終的にはゴミになるのだが、加熱した分だけ臭いは少なくて済む。

船の上で釣りあげて、目の横の急所を突いて魚の息を止めたとき……。「ごめんよ。美味しく最後までいただくからね」と心の中でいつも念じるのだが、それをキッチンでもう一度思い直すひとときである。

2章　上昇志向は魚にも？

スズキ　ブリ　カンパチ

勤め人の世界を選んだ以上、大なり小なり「競争」はつきまとう。今月の売上げトップは誰か、同期の中で誰が一番早く部下を持つか、使える交際費や決断の範囲が増えるかなど、誰しも心の中では蠢いている。

出世競争というと身も蓋もないが、ある会社の社長まで務めた知人が言っていた。「上からの指示で動いてる間は、勉強にはなったがただ忙しく振り回されていた。上に立ったことで自分で方向性やタイミングが決められる。仕事の醍醐味がやっとわかったね」。

魚の世界にも、確かに生存競争はある。エサを多く食べられれば、身も太りさらに有利に成長する。しかし、あくまでその自然の摂理だけ。「アイツだけ大きくなりやがって」と足を引っ張ったり、「アイツについておけば有利かも」などという嫉妬や計算がないだけ清々しい。

もっとも、人間たちから「出世魚」と勝手に名付けられた魚たちもいる。スズキは満一歳二五センチ程度でセイゴ、五〇～六〇センチくらいでフッコ、六〇センチ以上をスズキと名前が変わっていく。ブリは三五センチくらいまでをヤズ、三五～六〇センチくらいをハマチ、さらに八〇センチくらいまでメジロ、そして八〇センチ以上に成長してやっとブリとなる。カンパチは若魚時代はネリゴと呼ばれ、ボラは小さい頃から順にオボコ、イナッコ、スバシリ、イナ、ボラ、トドと変化する。ちなみに、「とどのつまり」はこのボラの最終形からきたものだし、「粋な男」を昔から「いなせ」と称したのも、ボラ（イナ）の背の模様からだと聞く。（模様が江戸期の魚河岸若衆の髪型に似ていた）

24

人を褒めるときは

蒸しブリのネギポン酢

冬

「ウインザー効果」というのがあるそうだ。原典は『伯爵夫人はスパイ』というミステリー小説の中で、主人公のウインザー夫人が言うセリフ。

「第三者の褒め言葉は、どんなときも効果があるものよ。覚えておいて」

確かに、誰かに直接褒めてもらうのも、それはそれでうれしいものだが、「あの人があなたのことを、こんな風に褒めていたよ」と聞くと、ふだんあまり自分と関わりないはずの人がちゃんと見ていてくれたという喜びとともに、自分に伝えた人もそれを認めてくれているという、二重のうれしさがある。

とくに、褒めていた人がふだん厳しいイメージの人ならなおさらである。

言いかえれば、「直接より間接の方が効果がある」ということだろう。実は料理でも同じようなことがある。加熱の仕方で〝直接〟といえば焼いたり煮たり、炒めたり揚げたり。これに対して、蒸したり、湯せんにするのは、沸騰した湯気や蒸気の熱で加熱する、いわば〝間接〟。こうすると、水分が飛び過ぎず、ジューシーでふっくら、やわらかく仕上がることが多い。

たとえばこの「蒸しブリ」。いつもの照り焼きや塩焼きもいいが、ぜひ試してほしい。

24 蒸しブリのネギポン酢

【材料】２人分

○ブリ２切れ

○酒大さじ 1.5

○塩小さじ 1

○ショウガすりおろし大さじ 1

○長ねぎ１本

○ポン酢醤油適量

【作り方】

❶ブリに塩を振ってジッパー付きビニール袋に入れ、酒とショウガを入れて２～３時間置く。

❷ネギを小口切りにし、ポン酢醤油と混ぜておく。

❸湯気の立った蒸し器で①を７～８分蒸し、皿に盛って②をかける。

25

水臭くない話

揚げブリのみぞれ鍋

冬

あまりお酒が強い方ではない。缶ビールも一番小さいチビ缶でいい心持ちになれるし、極端にいえば炭酸水でのどをシュワッとさせればビールを飲んだ気になるという、安直な体質である。

学生時代、古典の教授がかなりの酒豪だった。講義の途中でもしばしば脱線して酒の話になるのだが、鎌倉時代の仏教説話「沙石集」をテキストとして使ったとき、こんな一節があって盛りあがったことがある。酒を「男女の出会いと別れ」に例えたもので、最初のころは互いを思いやるのでコクのある〝生酒〟だが、付き合ううちに飽きもきて水で薄まった〝水臭い酒〟になり、別れた後は〝酒臭い水〟になるという趣旨だったか。教室でも酒に強い同級生たちは教授とともに盛りあがっていたが、私の酒量などはさしずめ別れて一年以上は経った〝水同然の酒〟というところだろう。

寒の時期、雪や霙も混じる頃は、鍋ものの回数が増えるが、具材で欠かせないのが白菜。ただ難点は一つ、水分が出て水臭い、もとい、水っぽくなることだ。それを防ぐには、白菜の漬物を使うこと。それも乳酸発酵しかけた古漬け。うまみも出て一石二鳥である。

25 揚げブリのみぞれ鍋

【材料】２人分
○ブリ切り身２切れ
Ａ(醤油大さじ１、酒小さじ２、
おろしショウガ少々)
○片栗粉適量
○揚げ油適量
○白菜漬け(よく漬かったもの)
適量
○大根中１／３本
○市販のめんつゆ

【作り方】
❶ブリをＡに１時間ほど漬けて下味をつける。
❷①に片栗粉をまぶして揚げておく。
❸白菜漬けは汁を切ってざく切りに。
❹大根をすりおろし、ザルで軽く水けを切る。
❺土鍋に水３カップを入れ、めんつゆで味をつけて火にかけ、沸いたら大根おろしを入れる。
❻ブリと白菜漬けを入れて、煮ながら食べる。

26

浸透圧の美味しさ？・スズキの揚げマリネ

夏

釣りをするようになって、漁師や先輩釣り師たちから多くのことを教わった。たとえば、持ち帰った魚を真水で長々と洗わないこと。「浸透圧」の関係で身が水っぽくなるという。浸透圧……懐かしい言葉である。中学か高校の化学で習ったはずだ。理科音痴の私の脳にもかすかに残っている。確か、塩分濃度の違う水を半透膜で仕切ると、濃度の低い方から高い方へ移動が起き、濃度を均一にしようとする働きだったか。海の魚は体内に塩分を持っているから、真水につけてぐずぐずしてると水が浸潤してしまうのであろう。

浸透圧……心の濃度も似ているだろうか。疲れて気力や意欲が落ちて、心の温度まで下がった気になることがある。何をするにもおっくうで、楽しいことを探す気分にもなれない。そんなとき、「あの人に会いたい」と無性に思う人がいる。全身からいつも「面白いこと見つけよう！」の活力があふれていて、でも決して元気を押し付けはしない人。もしかしたらそんな時にも、「心の浸透圧」が働いてくれるのかもしれない。

気持ちが落ち込むときは、美味しいものを食べるのも一つの手。この「魚の揚げマリネ」も、元気をつけたいときに私がよく作る一品。といっても、これは浸透圧とは関係なく、単に揚げて水分の抜けたところにマリネ液がぐっとしみ込むせいらしいけれど。

26 スズキの揚げマリネ

【材料】２人分
○スズキ切り身２切れ
○塩コショウ
○小麦粉少々
○揚げ油適量
○玉ねぎ中１個
○セロリ１／２本
○貝割菜少々
A（白ワインビネガー大さじ1.5、グレープフルーツ果汁大さじ１、オリーブ油大さじ1.5、塩少々、ハチミツ小さじ1.5、粒マスタード小さじ１、一味唐辛子少々）

【作り方】
❶玉ねぎは皮をむいて薄いくし形切りに。貝割菜はざく切り。セロリも千切りにする。
❷Aをよく混ぜ合わせて、①を浸しておく。
❸スズキは食べやすく切って塩コショウし、小麦粉をまぶしてカラッと揚げる。
❹揚げたてを②に漬け、１時間ほど置いて味をなじませる。

3章　ときには飛んだり、潜ったり

タイ　トビウオ　アラカブ　フグ　タラ

魚というのが、いつも海の同じ深さを泳いでいるとは限らない。

魚種によって、棲む場所の好みが違う。

だいたい水面からあまり深くない海域を泳ぐアジやサバやイワシなどもいれば、海底の岩礁近くがお好きなタイやアラカブ、フグ、タラたちもいる。

彼らをうまく釣るには、エサのエビなどを海底でまるで〝生きているように〟自然に動かすこと。

荒い岩礁に針を引っ掛ける「根掛かり」に注意すること。

エサをちゃんと飲み込んでから「クッ」と引いて（釣り用語で「アワセ」）逃がさないこと。

釣りたいお目当ての魚種の生態を知るのは、釣り人の必須条件である。

魚の居住範囲は海中だけとは限らない。大きく羽根のように変化した胸ビレをパッと広げて海面から飛び上がり、空中を何十メートルも飛翔するトビウオや、海面から躍り上がって跳ねるボラのような異端者も。宮崎でトライしたトビウオ漁は、飛んでくるのを船上の網で待ち受けるという、「釣りに来たのか、ラクロスに来たか?!」の興奮だった。

27

女は強し、母はなお強し

タイ飯

春〜秋

釣りに行くと、船長から面白い話のネタを仕入れることがある。たとえば、四〜五キロを超す大物のタイが釣れたとき。もしそれがメスであれば、釣りあげてすぐに船長の檄が飛ぶ。「早う、次の仕掛けば入れろ！」。このくらい大きく成長したタイはよく〝つがい〟でいることが多く、船の下でまだ連れ合いのオスがウロウロと泳いでいる可能性が高いのだ。あわよくばそれもゲットしようという魂胆である。

しかし、最初に釣れたのがオスだった場合。慌てなくていい。「メスはもうどっかに逃げとるたい」。人間界の亭主族がガックリしそうな話ではある。

しかし、メスを不人情とばかりは言えない。春先から釣れるのは、圧倒的にメスの方が多い。お腹にみっちり卵を抱え、産卵する前に体力をつけようと、針の危険を顧みずにエサに突進するのである。母性のなせる業だろうか。

この前、壱岐沖にタイ釣りに行ったとき、ググッとかなりの手ごたえがきて「大物か?!」と期待がふくらんだ。しなる竿と格闘してやっと引き上げてみると、肩透かしのフカだった。「まあ、ゆでて酢味噌あえにでも……」と一応持ち帰り、帰ってすぐにさばいてみると。

腹に包丁を入れて息をのんだ。小さな、もう形もそのままの子フカが四匹現れたのだ。もちろん生きてはいなかった。この母フカも、やはり子を産むためにエサに猛タックルしたのだろう。釣りとはやっぱり罪なものでもある。

27 タイ飯

【材料】４人分
〇米２合
〇 800g 程度のタイ１匹
〇塩適量
〇昆布 10 センチ角１枚
〇青ジソ 10 枚
〇薄口醤油適量
〇ショウガ１かけ
〇炒りゴマ少々

【作り方】
❶タイを三枚におろし、身はぶつ切りにして塩をする。頭と骨もぶつ切りにして、強めに塩をする。
❷身と骨をグリルでこんがり焼く。その後、身は小骨もよく取って細かくむしる。
❸鍋に水２カップと昆布を入れてだしを取り。焼いた骨を入れてコトコト煮だす。
❹米を研いで炊飯器に入れ、③のだしに水を加えて通常の水加減とし、塩けが足りなければ薄口醤油で調えて炊き上げる。
❺炊けたら、タイの身と刻んだ青ジソ、炒りゴマ、千切りショウガを混ぜ込む。

28

黒の季節に

タイのソテー海苔バターソース

春〜秋

マンション住まいで床の間もないが、玄関そばの一角に季節ごとの俳句短冊を掛けたりして、四季のまねごとを遊んでいる。年明けによく掛けるのが、小林一茶の句。

「青空にきずひとつなし玉の春」

本当はもう少し先のころを指すのだろうが、年が明けると気分は〝新春〟。雲一つない蒼天が願わしい。

とはいえ、この時期は冬の真っ只中。この季節を色で表すと「黒」なんだそうだ。起源は古代中国の五行説。それによると人生は冬から始まり、まだ渾沌として未来が見えない暗闇にあるから「黒」(「玄冬」と記す)。続く青年期はまだ未熟な「青春」。実りを迎える中年は炎天のような「朱夏」。人生も後半にかかり、人間的な落ち着きと深みも醸しだす「白秋」と続いていく。

でも、やはり黒は、長い年月の清濁を重ねて濃くなってきた人生の終盤にこそふさわしく、青春から始まり玄冬で終るとする説もある。ひと塗りでは淡い漆も、何十回と塗り重ねてこそ深い艶を生み出すように。

黒は食材としても身体にとてもいいそうだ。ゴマ、椎茸、そしてこの海苔も。

28 タイのソテー海苔バターソース

【材料】２人分

○タイ（イトヨリ、アマダイなどでも）２切れ
○塩コショウ
○小麦粉少々
○サラダ油小さじ２
○バター大さじ１
○海苔１枚
○醤油少々

【作り方】

❶海苔をちぎってボールに入れ、ひたひたの水でやわらかくほぐしておく。
❷タイに塩コショウして、両面に小麦粉を薄くはたく。
❸サラダ油を熱して、②を両面こんがり焼く。
❹フライパンをきれいにして火にかけ、バターを溶かす。そこに①の海苔を軽くしぼって加え、トロトロに溶かして最後に醤油で味を調える。
❺ソテーを盛った上に④をたっぷりかける。

29

最強の笑顔

タイだしのおから

春〜秋

昨年秋に初孫を授かった友人から、写真入りのはがきが届いた。床の間に飾った立派な「兜飾り」の前で、ようやくお座りできるようになった愛らしい男の子が笑っている。

子どもの笑顔というのは、本当に最強だ。地震や水害の後、避難所の様子が報道されることがあるが、いつかの放映のとき、二歳くらいの子が何かあどけないことを言ったらしく、周囲の大人たちが破顔大笑したシーンがあった。どんなにか心身の疲労も極限だろうに、子どもの笑顔は一瞬で(たとえ束の間でも)、硬く冷えこんだ空気を温かく溶かすのだ。

亡くなって丸十年になる歌人の河野裕子さんの歌に、子を思う母のこんな一首がある。

「しっかりと飯を食はせて　陽にあてしふとんにくるみて寝かす仕合せ」

避難生活や、コロナ禍のような自粛の暮らしを余儀なくされるとき、親というのはわが子が笑ってくれることだけを一筋の光明にするのだと思う。

魚屋に寄ったら「今さばいたばかりだよ！」と、タイの立派なカブト(頭)を勧められた。こんがり焼いてだしを取れば、最上のうまみが出る。おからだって目を見張る美味しさに。

29 タイだしのおから

【材料】 3～4人分
○タイの頭(アラでよい) 1匹分
○塩適量
○昆布だし3カップ
○おから 150g
○小松菜1／3わ
○水で戻した干し椎茸3枚
○ごま油少々
○砂糖小さじ2
○醤油少々

【作り方】
❶タイの頭に強めの塩をふり、グリルでキツネ色にこんがり焼く。焼けたら身をほぐして骨と分ける。
❷鍋に昆布だしを温め、①の残った骨を入れてコトコトと煮出す。
❸別鍋にごま油を熱し、みじん切りの小松菜と椎茸を炒める。
❹おからとタイの身も加えてさらに炒め、②のスープと椎茸の戻し汁も加えて、砂糖と醤油で調味する。(だしに塩気があるので加減する)

30

水に流すと心安らか

トビウオのすり流し

夏

十二年前に亡くなった父は、細かいことをあまりうるさく説教したり人生訓を垂れる人ではなかったが、「人から見返りを求めるな」という一点だけは厳しかった。

私が誰かに対して「これだけのことをやってあげたのに（それに応じた対応がない、または少ない）」と父の前で愚痴ろうものなら、強い口調で「あさましい！」とたしなめられたものだ。それは今も心のどこかに染みついて、ありがたいと思う。

長年取材の仕事をしてきて、企業の経営者などにもお会いしたが、そのうちの何人かがある教訓を社是や自分の志にされていた。

「受けた恩は石に刻め。かけた情けは水に流せ」。誰の言葉かは知らないが、父もどこかでこれに触れていたのかもしれない。

「自分の思うようには返してもらえない」と不満を抱くと、ストレスはたまるし、ろくなことはない。何かをして相手に喜ばれ満足さえしていれば、心穏やかでいられるもの……もっともこれ「かけた情け」と「受けた恩」を逆に覚えると、身も蓋もないことになるのでご注意を。

食欲の落ちる時期など、のどごしのいいすり流しはいかが？

30 トビウオのすり流し

【材料】２人分
○トビウオ１匹
○味噌大さじ 1.5
○だし２カップ
○卵１／２個
○青ジソ、白ごまなど

【作り方】
❶トビウオを三枚におろし、腹骨も取って、フードプロセッサーにかける。
❷①に味噌と卵を混ぜてさらになめらかにする。（ここまではすり鉢を使ってもよい）
❸②を鍋に移し、だしを少しずつ加えながら溶きのばす。
❹中火にかけて鍋底からかき混ぜるようにして煮る。
❺アクを取り除き、魚の身が浮いてきて白っぽくなったら火を止める。
❻椀に盛って青ジソ、白ごまなどを散らす。

31

小魚でも良き肴

トビウオの洋風たたき

釣りで一隻の船に何人かが同乗する「乗り合い」を利用すると、そのときどきでいろんな釣り人生に出会えるから楽しい。

熊本から大分の漁港まで軽トラを運転してくる八十二歳のじいちゃん。口ぐせは「海の上で死んだっちゃよか。楽しい最中（さなか）なら悔いはなか」……。その隣にはいつも黙々と、飄々と釣り糸を垂れる整形外科の初老ドクター。仕掛けを作る（とくに糸を結ぶ）手つきが鮮やかで、手術の腕もしのばれる。

その一方で、ひそかに「反面教師」とさせていただく方もある。魚が掛からない不満がいちいち声に出る人。かと思えば「こんなの釣れちゃったよ（笑）」と大魚を持ち上げて周囲を鼻白ませる人。釣りというのは、怖いほど人の本性を見せる。

船上でそんな光景を見ながら、わが身を振り返る。得た教訓はただ一つ。「釣れてるときは淡々と。釣れないときも淡々と」。人生の歩き方にも通じそうだ。

もちろん釣った魚は大小すべて美味しくいただく。釣りのおかげで刺身も何とか引けるようになったが、魚が小さかったり数が多いとき通常の刺身は面倒臭い。薬味と一緒にたたきにするが、ときには「洋風」にも、ケイパーやピクルス、レモン汁などを混ぜるとワインに合う一品になる。

【材料】２人分
○トビウオ１匹
○ケイパー 20 粒
○小ネギ５本
○ピクルス３個
○マヨネーズ大さじ１
○ヨーグルト大さじ１
○レモンの皮（黄色い部分のみ）刻んで小さじ１
○ウスターソース小さじ１
○柚子ゴショウ少々

31 トビウオの洋風たたき

【作り方】

❶トビウオは三枚におろし、皮をはいで腹骨もすき取る。

❷ケイパー、小ネギ、ピクルスはみじん切り。まな板の上で①を包丁でたたき、これらも加えてさらにたたく。

❸ボールに移して、マヨネーズ、ヨーグルト、レモンの皮、ウスターソース、柚子ゴショウを混ぜる。

❹クラッカーなどにのせても。

32

包みこむ誘惑

海鮮包み焼き

春、秋

私自身に子どもはいないが、妹や親類の子を乳児の頃からよく預かったり世話をしたせいか、小さい子の扱いはわりに慣れている。

幼児が眠かったり欲求が叶えられずにご機嫌斜めのとき、かがんで目線を合わせ、訴えを「こうなんだね」とゆっくり復唱しながら話しかける……などのテクニックは、いつの間にか身についた。

それでもダメなときは〝奥の手〟を使う。といっても何のことはない、「おんぶ」である。母の代から使いこんだ古い「おぶいひも」（背当てがついて体ごとくるみこむタイプ）を取り出し、これでおぶって軽くゆすりながらゆっくりその辺を歩くと、二歳児くらいまでなら何とかおとなしくなり、うまく寝付いてくれることもある。

背負いながら自分も思い出すのだ。遠い昔、こうやってすっぽりと温かいものにくるまれて、誰かの体温を感じながらこれっぽっちの不安もなくまどろんでいた日のことを。それを感じたさに、つい「おんぶしようか」と誘うのかもしれない。

食材だって同じ。包まれてこそ風味を逃さず、美味しくできることもある。

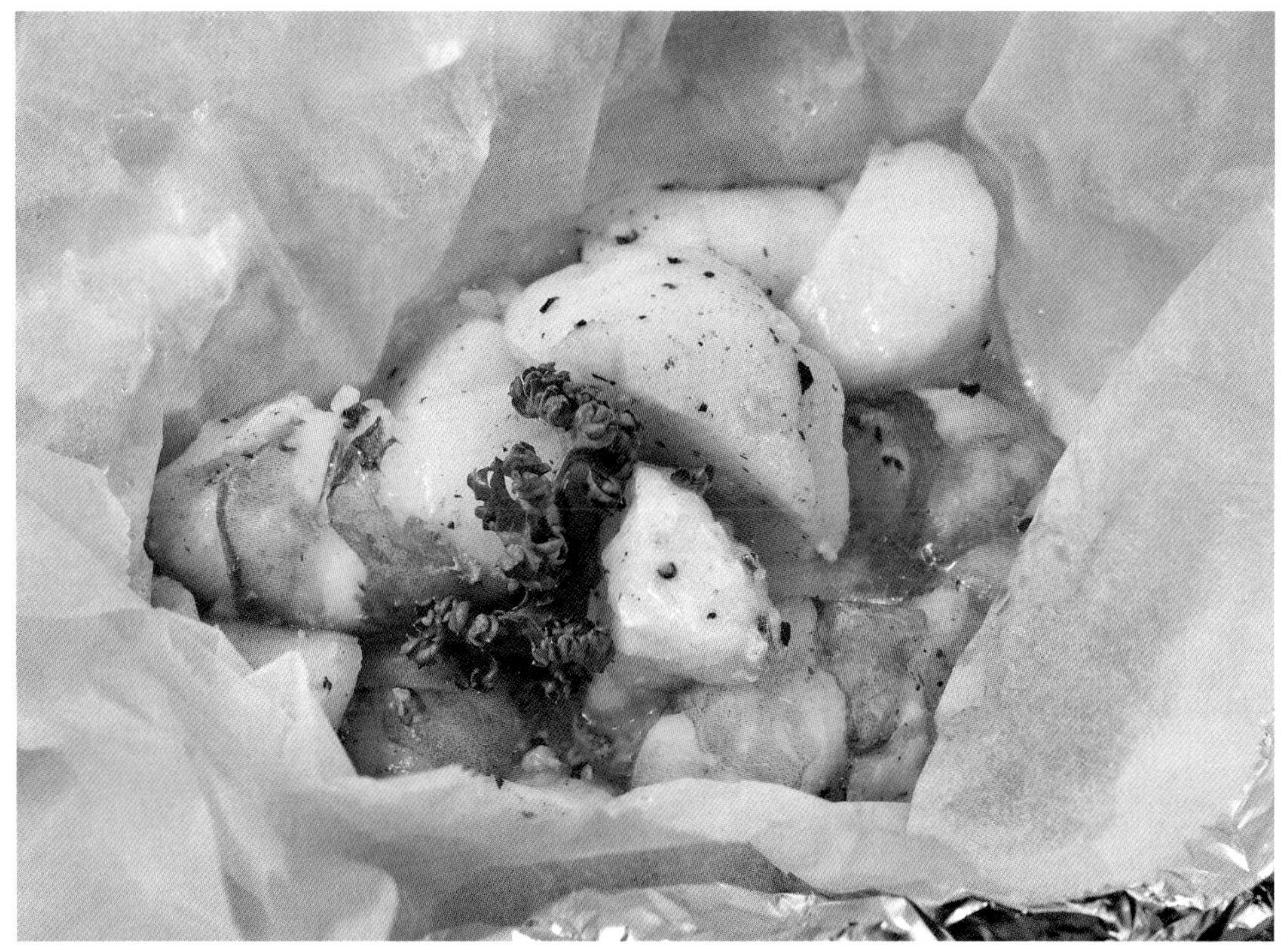

32 海鮮包み焼き（タイなど白身魚、エビ、ホタテ）

【材料】２人分

○タイ(アラカブ、カナトフグなど他の白身魚でも)100g
○エビ６匹
○ホタテ４個
○塩コショウ
○粒マスタード小さじ１
○白ワイン少々
○おろしニンニク少々

【作り方】

❶白身魚は骨や皮などを取り除いて一口大に切る。
❷エビは殻と背ワタを取って２～３つに。ホタテは２つ切りに。
❸①②をボールに入れて、塩コショウ、粒マスタード、ニンニクをよく混ぜ込む。
❹アルミ箔を二重にして、その上にクッキングシートを敷き、③の半量を入れ、白ワインを振って包む。もう一組も同様に。
❺ 200 度のオーブンかオーブントースターで７～８分焼く。

33

海の憎まれっ子

韓国風煮フグ

夏〜冬

東京のような定席寄席はないものの、福岡でも落語会はすっかり広まってきた。秋の「博多・天神落語まつり」はすでに十五回を重ねるし、真打ちになりたての若手落語家会もあちこちで開かれる。

そんな会を聴いた帰りは、しばらくちょっと口調がヘンになる。今回も同じく落語好きな知人と行ったのだが、帰りのバスに乗ろうとして入口で私が先になり、思わず「はばかりさま」と口に出てしまった。さっき聴いた〝長屋のおかみさんたち〟の口調が移ったらしい。ちなみに「はばかりさま」とは、「ご迷惑様、すみません」くらいの意味である。バスが発車して知人が「そういえば、『憚る(はばか)』って面白いよね」と言う。「〈遠慮する〉と〈のさばる〉、真逆の意味をもつじゃない？」。確かに、「憎まれっ子世に憚る」のときは「のさばる」だし、「口にするのも憚られる」だと「遠慮する」の方になる。何か理由があるのか、どなたか教えてほしい。

タイ釣りやイカ釣りで、お目当ての魚用のエサを横取りしてしまう「憎まれっ子」がいる。貪欲なカナトフグだ。「のさばる」やつにしては、美味しいのが少々シャクである。

33 韓国風煮フグ

【材料】２人分
○カナトフグ２匹
○砂糖小さじ２
○醤油大さじ 1.5
○水あめ小さじ２(みりんでもよい)
○ニンニク２かけ
○輪切り唐辛子(種を抜いて輪切り) １本

【作り方】
❶カナトフグ（皮をはいだもの）をぶつ切りにする。
❷ニンニクの皮をむいて薄切りに。
❸鍋に水２カップと調味料、ニンニク、唐辛子を入れて煮立て、①を入れる。落としぶた代わりにアルミ箔の中央に穴をあけてのせ、４～５分煮る。

34

毒婦には縁遠く

カナトフグのピリ辛焼き

夏〜冬

友人知人の中で私がひそかに憧れるのは、「毒舌がうまい人」。相手が嫌がるような言い方でなく、周囲が思わずニヤリとし、言われた方も苦笑する……そんなピシャリとした寸鉄の言葉が吐けたら……。私事ながら、姪もそんなタイプ。あるとき、兄貴のガールフレンドが遊びに来たとき、じっと観察していたらしく、帰った後にズバリと「幸（さち）薄そうな感じ」。……兄貴の熱も瞬時に冷める一言であった。

私自身はといえば、先日また釣りに行ったとき、目当ての魚以外に二匹クサフグが掛かった。この魚はトラフグに劣らず、内臓や皮に猛烈な毒をもつ。口惜しいが、すぐに捨てるのが定石である。

しかしこの日のクサフグは、捨てるにはあまりに惜しい三〇センチの大型だった。迷いに迷った末持ち帰り、フグ免許を持つ知り合いに処理してもらい、家で作った刺身と唐揚げ。もう死んでもいいくらいの美味だった。シビレもないから、もう大丈夫。

それでも、寝る前にふと不安が。「寝てる間に毒が回って、朝死体で見つかったらどうしよう……」。考えた挙句、着古したパジャマを脱ぎ、新品に着替えたのだ。我ながらいじましい女心である。もちろん翌朝は何事もなく。やはり毒婦とは無縁の凡人のようである。

34 カナトフグのピリ辛焼き

【材料】２～３人分

○カナトフグ(コチやスズキ、カワハギなどでもよい)300g
○醤油大さじ２
○スイートチリソース大さじ 1.5
○七味唐辛子少々
○ゴマ少々

【作り方】

❶カナトフグを厚めのそぎ切りにし、醤油とスイートチリソース、七味唐辛子を混ぜた中に 30 分～１時間漬ける。
❷オーブントースターで両面を焦げないように焼く。仕上がりにゴマを振って。

35

幸せな冬の味

タラのブランダード

秋〜冬

「魚」に「雪」と書いて「鱈」。北国では今がこの魚の最盛期だ。以前青森を取材で回ったとき、三日移動した別々の宿の夕食はどこも申し合わせたように「タラづくし」だった。最初の宿で出たのは「じゃっぱ汁」。「じゃっぱ」とは頭や肝など魚のアラのことで、それこそ骨も身も内臓も白子や卵も全部放り込んで味噌味にしたもの。身などはむしろなくてもいいほどだ。その味をたとえるなら、きれいな身だけの料理を大都会の清潔に輝くビル群だとしたら、この汁の味わいは下町の混沌とした人間臭い雑踏といえようか。

次の日の宿は、同じじゃっぱ汁（しかし味付けは微妙に違う）と、タラの自家製昆布締め。これもまたタラの淡白さに昆布が見事にうまみをのせて、箸が止まらなかった。

最後の宿では、タラを味噌と酒粕に漬けこんだもの。焼いた香ばしさも忘れられない。そばには肝で身を和えた「とも和え」と、白子の刺身もあった。

九州にいると、この宿の本当の美味しさはわからないのかもしれない。深く積もった雪に耐える、あの忍耐強い暮らしでこそ味わえる恵みなのかも。

今日のタラ料理は、南フランスの家庭の味。パンなどにのせて召し上がれ。

35 タラのブランダード

【材料】３～４人分
○生タラ２切れ
○ベーコン１枚
○玉ねぎ１／２個
○ジャガイモ中２個
○オリーブ油小さじ１
○牛乳１カップ
○塩コショウ
○パセリ

【作り方】
❶タラの皮をはいでぶつ切りにし、塩コショウしておく。
❷ベーコンと玉ねぎはみじん切りに。
❸ジャガイモは皮をむいて５～６つに切り、やわらかくゆでてつぶしてマッシュポテトにする。
❹オリーブ油で②を炒め、玉ねぎが透明になったらタラを入れてしっかり炒める。牛乳も加えて４～５分煮込む。
❺③のジャガイモを④に混ぜ合わせて汁けを吸わせ、塩コショウで調味する。パセリのみじん切りも混ぜ込んで。

36

不満はため込まず……

タラのグラタン

秋〜冬

「子どもっぽい夫とどう付き合うか」という、古今東西の激論をテレビでやっていた。「いつも洋服は脱ぎっぱなし、ビール飲んだら缶は置きっ放し」「休みの日はいつもゴロゴロ。子どもの世話を少しはしてほしいのに」「何度も言うとスネて黙り込む」などなど。

奥さん側も、夫に言うより自分が動いた方が早いからと、結局自ら片づけてしまう。しかしそんな不満は積もり積もって、いつかドーンと爆発する。

聞いていると、どうもぶつかる要因の一つに「モノの言い方」があるようだ。誰だって頭ごなしに言われれば不愉快だし、今しようと思っていたのに「まだなの?!」と詰問されればカッとなる。

ある介護施設で、入居者のお年寄りに（ほぼ認知症だが）声をかけるコツを教わった。それは「クッション言葉＋依頼系」だとか。「ちょっと××さん、座ってて！」でなく、「××さん、ごめんなさいね、ちょっと座ってもらえます?」という具合に声がけすると、少しいいようだとか。

「もの言わざるは腹ふくるるわざなり」と昔からいう。タラのように腹一杯ため込まず、言い方をちょっと工夫すれば爆発せずに済むかもしれない。

36 タラのグラタン

【材料】２人分
○タラ 200g
○塩コショウ
○小麦粉少々
○バター大さじ１
A（バター大さじ２、小麦粉大さじ３、牛乳１カップ、生クリーム大さじ２、塩コショウ）
○ブロッコリー適量
○粉チーズ少々

【作り方】
❶タラを食べやすく切り、塩コショウをして小麦粉を薄くはたく。フライパンにバターを熱して両面を焼く。
❷タラを取り出し、軽くペーパーで拭いて、Aのバターを溶かし、小麦粉を炒めて牛乳で溶きのばす。生クリームも加えて、塩コショウで調味する。
❸グラタン皿にタラを並べ、②をかけ。粉チーズを振ってオーブンで焼く。
❹ゆでたブロッコリーを飾って。

37

サウダージの国

ポルトガル風ポテトサラダ

秋〜冬

今まで旅した外国で、もう一度訪れたい国は？と聞かれたら、たぶんポルトガルと答えるだろう。二〇代後半から、三〇代、四〇代と三度旅したが、いずれもスペインを回った後にポルトガルに入る旅程だった。それがなおさら、この国の印象を強めるのかもしれない。スペインの気風を「太陽のような強烈な明るさや強さ、華やかさ」とたとえるなら、ポルトガルはその逆に近い気がする。人の印象も、控え目でシャイな人が多かった。

ポルトガルの国民的音楽に「ファド」があって、節回しといい歌詞の内容といい、日本の演歌そっくりなのである。さらにいえば、この国の心情を端的に表す「サウダージ」という言葉があるが、この意味は「寂寥、切なさ、望郷」など、およそスペインの「激情」とはほど遠い。私だけでなく、その旅で同行した友人たちも口をそろえて「ポルトガルのしっとり身になじむ心地よさ」を懐かしむ。

レストランや食堂で出されたポルトガル料理も、決して豪華でなく強烈でもない、〝おふくろの味〟的な素朴なものが多かったが。そして美味だった。最もよく使われるのは塩ダラ。こんな風にサラダやスープになる。

37 ポルトガル風ポテトサラダ

【材料】３～４人分

○塩ダラ（半生状態の塩漬けタラ）300g
○ジャガイモ中３個
○マヨネーズ大さじ２
○クリームチーズ大さじ 1.5
○乾燥バジル少々
○乾燥タイム少々

【作り方】

❶塩ダラは、７～８分ゆでて塩抜きをする。
❷あら熱を取って、細かくほぐしながら、骨を取り除く。
❸ジャガイモの皮をむいてゆで、熱いうちにつぶす。
❹②と③を混ぜ、マヨネーズ、クリームチーズ、バジル、タイムを混ぜ合わせる。

4章 長いものに巻かれても

ウナギ　タチウオ　ハモ

マウンティングとは、もともとチンパンジーやゴリラの社会で、自分の優位性を表すために相手に対して馬乗りになる生態である。でも最近は人間関係で、この「マウンティング」という言葉が飛び交っている。「いつも上から目線で他人にアドバイス」したり、「学歴や資産、子どもの成績などをさりげなく自慢」「異性にもてる」などのアピールをすることで、自分が優位に立とうとする人のこと。する側の心理としては、自己優位性を常に確かめておきたいとか、本当は弱い自分を隠すためなどといわれるが、される方はたまったものではない。

そんな人にストレスケアの専門家がアドバイスするのは、「させておきなさい。そして上手に聞き流すこと」「弱い人なんだと心の中で思えばいい」「はいはいと聞いておだてて、気分よくさせておきなさい」だそうだ。間違っても、ムキになって反撃したり感情的にならないことである。

昔から「長いものには巻かれろ」ということわざもある。権力におもねって自分の主張を押し殺すのは、一見正しくないかもしれない。でもこれも、一時のことと割り切るのも手だと思う。長いものにとりあえず巻かれておいて、その力を利用して自分がひそかに学んでいく。そして力が付いたときに、離れればいいのだから。無用なストレスは回避するに限る。

ウナギやアナゴ、タチウオなど長い魚は、敬遠することはない。体をよくくねらせることで、身のしまりも抜群でうまみも濃いのだから。

38

自己管理は難しい

ウナギのキュウリ巻き

秋〜冬

ある雑誌の企画でここ二週間ばかり、福岡県内外の企業の社員にインタビューを続けている。設問はいくつかあるが、その一つが「今もっとも関心があること」。三〇代から七〇代まで合計二〇人近くのうち、女性は四人だが、そのうち二人が図らずも同じような回答をされた。

一人は管理栄養士、もう一人は設計事務所にお勤めで、二人の共通点は「最近の日本人に〝自立心〟が薄れてきた」と感じることだった。管理栄養士のAさんの場合、「とくに中高年の男性が、肩書きも知的レベルも高いのに、私たちが口を酸っぱくして言わないと自分の体調や食事管理をしてくれない」と指摘し、設計事務所のBさんは「大災害のときなど、行政の指示に頼りがちで、もっと自分たちで危機管理をするべきではないか」と回答している。

偶然かもしれないが、これが女性から出たことに興味を持った。子どもを産み育ててきた多くの女性たち。それは「一人の人間を、自立させて社会に送り出す」とも言い換えられる。本能的にその意識を持つからこそ、二人から今回の指摘が生まれたのかもしれない。

この「ウナギのキュウリ巻き」も、皿の上で自立しています。

38 ウナギのキュウリ巻き

【材料】２人分

○ウナギ蒲焼き１／４匹
○キュウリ２本
○ショウガの搾り汁少々
○すし酢少々

【作り方】

❶キュウリを洗って、ピーラーで細長い薄切りにする。(一人約４～５枚)
❷蒲焼を３センチ長さほどの細切りにする。
❸キュウリを２枚ずらしてならべ、②をきっちり巻いていく。
❹皿に立てるように並べ、ショウガ汁を混ぜたすし酢をかける。

39

会話のバランス

うな豆腐

秋〜冬

「あの人と話していると、あっという間に時間が過ぎる」……そんな感覚を持つことがありますか？

私にもそんな貴重な友人が何人かいるが、共通点はみんな「聴き上手」なこと。まず、あいづちが表面的でない。芯から「なるほど」とうなずいてくれる。会話の途中で電話がかかってきたり、料理が運ばれて中断したりしても「それで、さっきの続きは？」と、うまく軌道に戻してくれる。

何よりも。途中で「そうそう、私も実はね……」と横取りすることがまずない。そうやって弾んだ会話がお開きになると、また次の機会に心弾むネタをたくさん仕入れてこよう……と、意欲が湧くのである。

ときどき「こっちだけしゃべって、申し訳ない」と謝るのだけど、先日食事中に、一緒に食べていた「うな豆腐」に例えてこう言われた。

「これだって、ウナギのかば焼きの方が味も濃くて豆腐に影響を与えてるみたいだけど、豆腐の滋味でウナギの濃さをやわらげてるでしょ？　どっちも同じ。聞き上手と話し上手は、表裏一体なのよ」。こんな友人を持てるって、幸せだと思う。

39 うな豆腐

【材料】２人分
○ウナギ蒲焼１／２匹分
○木綿豆腐１／２丁
○青み野菜(オクラ、青ジソなど)少々

【作り方】
❶豆腐の厚みを半分にして２切れ用意。
❷蒲焼は豆腐の大きさに合わせて切り揃える。
❸豆腐に②をのせて、皿ごと蒸す。
❹青みをのせ、好みで粉山椒を振って。

40

夏の名残りに

ハモの竜田揚げ

夏～秋

夏の酷暑が激しいほど、あるいは逆に太陽がなかなか顔を見せず雲が垂れこめる冷夏の年も、ようやく季節が過ぎて夜風が涼しくなる初秋は誰しもありがたい。「今年もやっとしんどい季節を乗り切った」と、わが身を慰労したくなる。

昨日はうちで、友人たちを呼んで小宴をした。こんな季節に誘われて料理の演出もつい興が乗る。少し早いが紅葉の箸置き、食卓に飾ったススキの穂、満月に見立てて厚焼き卵を丸くくり抜き、焼きもののカマスは秋の着物になぞらえて「片褄折り（身の片方を内側に巻き込んで串を打つ）」に。柿の実はゆず風味のごま味噌あえにした。

どれも、季節を少し先取りした「はしり」のものだ。日本料理には「はしり」「盛り」「名残り」がある。出始めのものを早めに味わい、盛りはまさに旬の素材を堪能し、そして名残りは去りゆく季節の食材をもう一度慈しむ……。季節感を何より尊ぶ日本料理ならではの骨子である。とはいえ、はしりや盛りだけではなんとなく風情がない。災害も多く心がすっきり晴れない夏は、せめてゆっくり振りかえって思い出を拾い集めよう。一品、名残りの食材「ハモの竜田揚げ」を入れてみた。

40 ハモの竜田揚げ

【材料】２人分

○ハモ（開いて骨切りしたもの）
　中１匹
○醤油適量
○酒適量
○おろしショウガ少々
○片栗粉
○揚げ油適量

【作り方】

❶ハモを５～６㎝長さに切り、酒と醤油、ショウガを合わせた中に１時間ほど漬けこむ。

❷片栗粉をまぶしてよく払い、熱した油で揚げる。好みでカボスやユズを振って。

41

白銀の艶「宝石と太刀」

タチウオのカポナータ添え

初夏〜秋

別府湾沖に関アジ釣りに行ったときのこと。チョイチョイとあおっていた竿が突然ガクッとしなり、おそろしい勢いで持って行かれそうになった。「アジじゃなかぞ！」と船長が怒鳴り、私もリールと格闘しながら懸命に巻いていった。数分の後、水面に姿を現したのは、銀色に長く輝くタチウオ。死に物狂いに暴れている。歯はギザギザで鋭いから、注意しないと糸が切られる。船長の助けも借りて、やっとの思いで船に取り込んだ。

日差しに光るその魚体は、見ほれるほどに神々しい。誰もが「太刀」と呼ぶのも無理はない。英語でも「短剣魚」とか「鞘の魚」と表現している。

ところでタイトルに添えた「宝石と太刀」。まるで江戸川乱歩の推理小説のようだが、ここまで太刀の意味は納得いただけたはず。では宝石の方は？

実は、このタチウオの銀色の正体は、ウロコ代わりの「グアニン箔」という物質。昔、このグアニン箔を集めて「タチハク」というのを作り、セルロイドで練ってガラス玉に塗り、「模造真珠」を製造していたらしい。イミテーションとして結構出回ったそうだ。

夏に産卵を終わったタチウオは、晩秋にかけて再び脂をしっかりのせていく。塩焼きは最高だが、うまく三枚におろせると「生干し」も美味。銀色の美しさは決して虚飾ではない。しっかりと中身も詰まった艶やかさである。

41 タチウオのカポナータ添え

【材料】２人分

○タチウオ（幅の広い切り身）２枚
○塩コショウ
○小麦粉少々
○ズッキーニ１／２本
○玉ねぎ１／２個
○ナス中１本
○ピーマン１個
○セロリ１／２本
○トマト水煮缶１／２缶
○黒オリーブ２～３個
○ニンニク１かけ
○バルサミコ酢大さじ１
○スープの素１個
○塩コショウ
○オリーブ油

【作り方】

❶野菜類をすべて１センチ角に切る。黒オリーブとニンニクはみじん切りに。

❷鍋にオリーブ油小さじ1.5を熱してニンニクと玉ねぎを炒め、他の野菜も入れて炒める。

❸水煮トマトを崩しながら加え、スープの素と塩コショウ、バルサミコ酢も入れて調味し、15分ほど煮込む。これは多めなので、残ったら冷蔵庫で保存。

❹太刀魚に塩コショウして小麦粉をまぶし、オリーブ油で両面こんがり焼く。

❺皿に盛って、③のカポナータをたっぷりかけて。

5章　母なる川を目指すこと

サケ、アユ

親の転勤で小学校入学前からあちこち引っ越し、小学校は三校、中学も三校と転校続きだった。そのせいか、〝ふるさと〟的な一つの土地への愛着が薄い。大学時代から住んだ実家もすでに売却したから、お盆や年末など帰省ラッシュの季節になっても何とも実感が湧かない。「そんなにまで、時間とお金を使って帰りたいのかな……」と不思議なくらいである。

友人の一人は、何か事情があってか親兄弟と絶縁し、もう三〇年近く郷里に帰ってない。「もう死んだと思ってるさ……」と強がりを言うが、あるとき一緒にいて、たまたまテレビに故郷の実家近くの景色が映ったことがあった。「顔を見ちゃいけない……」とこちらも身がすくんだが、そっと隣をうかがうと、やはり友人の顔は画面にくぎ付けだった。故郷って、そういうものなのだろう。

　サケ、アユ、ウナギ。魚の中には、孵化してから一度川を下って海に出て栄養をつけ、その後再び生まれ故郷の川へ戻ってはるばる遡上する者たちがいる。なぜ生まれた川が分かるのか不思議だが、もともと河川というのはそれぞれ水中に溶けているアミノ酸濃度や組成が川ごとに異なり、それをサケたちが嗅ぎ分けて〝母川〟を見つけるのだという。

　ウナギなどは、親が延々日本から三千キロも離れたグアム島西方沖の深海まで行って産卵し、生まれた稚魚たちは再びその距離を何カ月も泳いできて、あっぱれ日本まで帰りつく健気さである。

　途中、他の魚に食われたり、川の段差を飛び越えられずに命を落とす仲間も数知れないだろうに、命がけで故郷を目指す帰巣本能とはかくも強固なものである。

42

食のタブーの心配

アユのとも焼き

初夏〜秋

「食べ物の相性」というのがある。筍にこの芽、アユにタデ酢、鴨にネギ……。しかしその最たるものは「ともあえ」ではなかろうか。アンコウの身をその肝であえる。イカをワタ（内臓の塩辛）であえたり炒めたりする。具とあえ衣や調味料の出所が同じものだ。そういえば和食の「親子丼」だって。相性なんてもんじゃない、同一なんですから。

私がよくするのは、イカの身を「いしり」（イカの内臓を発酵させた調味料）で漬け焼きする一品や、サンマの肝を醤油や酒で溶きのばし、身を浸して照り焼きするもの。肝のコクがちょっと焦げて、絶品である。

五月末から解禁になるアユも、同様に肝を生かす。普通はそのまま塩焼きして肝のほろ苦さごと味わうのが常道だが、養殖のアユだとちょっと脂っこいのが玉にキズ。そこでサンマと同様に肝を裏ごしし、醤油とみりんでゆるめて、三枚おろしの身を漬ける。これをさっと炙ると、冷酒などのアテに最高である。

と、ここまで書いて。気になったのが「これってユダヤ教ではタブーかしら?!」。「肉をその乳と一緒に調理してはならない」というから、ましてや肝……。不調法とは思いつつ、東京のイスラエル大使館に聞いてみた。「別に関係ないですよ」。よかった……これで、いつユダヤ教の方がお見えになっても、安心してこの料理をお出しできる。

【材料】２人分
○アユ（養殖でよい）
　４匹
○醤油大さじ１
○酒小さじ２
○みりん小さじ１
○粉山椒少々

42 アユのとも焼き

【作り方】

❶アユを三枚におろし、肝と白子などを取り出して血や汚れを洗う。スプーンの背でよくつぶす。

❷鍋に①と醤油、酒、みりんを入れて、さっと煮たてる。

❸あら熱を取った②に、アユの身（腹骨もすき取っておく）を漬けて１～２時間置く。

❹グリルで表面がうっすらキツネ色くらいに炙る。

43

衣替えは済んだ？

秋サケのチーズピカタ

秋〜冬

秋晴れが続く十月半ば。ちょうど夏物と冬物を入れ替える「衣替え」に最適だ。それに向けて、夏ごろから心がけることがある。ラップやアルミ箔の芯を捨てずに取っておくのだ。なぜかって？収納する夏物の中で、折りジワをつけたくない薄手のジャケットやブラウスを畳むとき、この芯を折り目にあてるとちょうどいいから。

その他に、少し涼しくなってくる十月初めに用意するのが、ふたのない衣装ケース。押入れの手前側に置いて、カーディガンやストールなど体温調節衣類の「一時置き場」にする。ちょっと肌寒い日などにすぐ出し入れできるから、十一月頃までしばらく活用できて便利なのだ。

収納する前に「これ、洗濯したっけ？」と迷うことも。それを防ぐには、洗濯済みの衣類をかけたハンガーに色分けのマスキングテープを貼ることも、収納上手の達人から教わったミニ知識である。

衣替えが済むと、冬の足音が遠くからひたひたと聞こえてきそうである。

魚のソテーも〝衣〟次第で変化がいろいろ楽しめる。今夜は、粉チーズをたっぷり混ぜた黄金色のピカタにしてみよう。

43 秋サケのチーズピカタ

【材料】２人分

○サケの切り身２切れ（塩ザケでない生のもの）

○塩コショウ

○卵１個

○小麦粉少々

○粉チーズ大さじ２

○青ジソ２～３枚

○オリーブ油小さじ２

【作り方】

❶サケは大きければ２～３つに切って、軽く塩コショウし、小麦粉をはたく、

❷青ジソは千切りに。

❸卵を溶いて粉チーズをまぜ、青ジソをのせた①にまぶし、オリーブ油を熱したフライパンに入れる。

❹ふたをして中火で片面焼き、ひっくり返してもう片面も焼く。

44

旅先での〝ウチの味〟

サケバーグ

秋〜冬

海外で料理をしたことが何度かある。取材などで一週間近く同じ土地に滞在すると、カメラマンや編集者と毎日洋食というのは、懐にも胃袋にもかなりこたえる。「肉じゃがが食いてえなァ」とカメラマンのため息が聞こえたりしたら、放ってはおけない。無理を承知でお願いするのは、取材相手の日本人やその知り合い。ほとんどが快く台所を提供していただけた。

市場を紹介してもらって、買い出しに走る。和食が恋しい在住日本人のために、調味料類も結構そろっているのがありがたかった。

そうやってこしらえたのが、アルゼンチンでの川魚の味噌汁。バリ島でのちらしずし。ハンブルグですき焼き。バルセロナでカツオ佃煮。パリの朝市で生マグロを買い、中華料理店で白ごはんを買って、持参のワサビと醤油をまぶしてベッドの上で食べたマグロの漬け丼に涙ぐんだことも懐かしい。

ノルウェーのスーパーで、知ってる魚はサケしかなく、ただ焼くのも芸がないと、刻んでハンバーグ風にして作ったこの一品。帰ってからもそのときの仲間を招いて何度か作った。平凡な味なのに、そのときの苦労や思い出が隠し味になって、美味しかったなぁ。

44 サケバーグ

【材料】２人分
○生サケ２切れ
○玉ねぎ１／２個
○クラッカー３～４枚(食パン１／２枚でも)
○塩小さじ１／２
○コショウ少々
○マヨネーズ大さじ１
○サラダ大さじ１
○バター少々

【作り方】
❶鮭の身から皮をはぎ、骨も抜き取って２～３つに切る。包丁で細かく叩く。
❷玉ねぎはみじん切り、レンジで２分加熱。
❸クラッカーを粉々に砕く(ビニール袋に入れてすりこぎでつぶすと簡単。パンならこまかくちぎる)
❹ボールに①②③を入れ、塩コショウとマヨネーズを混ぜてよくこねる。楕円形に丸める。
❺フライパンにサラダ油を熱して、④を片面焼く。裏返してふたをして、もう片面を蒸し焼きに。
❻最後にバターを入れて香りづけする。

6章　足に自信あり

エビ　イカ　タコ

船釣りを長年続けてきてよかったと思うことの一つが、わりに健康でいられることだ。同世代の友人知人が「腰痛がひどくて……」「膝に水がたまって歩きにくい」「年々心肺機能が衰えるせいか、呼吸が浅くなって……」などとぼやくのを聞いて、自分にあまり自覚がないのに気づく。どうしてなんだろう。

先日も船に乗って、その日は結構波が高くて揺れていたから、竿を出しながら足をしっかり踏ん張って何とか姿勢を保っていた。「もしかして、これが?!」

帰っていろいろ調べてみると、「足指の力」というのが健康づくりに大きなポイントだとわかってきた。足の指でしっかり大地を〝つかむ〟ようにして歩くことで、腰痛予防や全身の筋力向上、膝への負担軽減などが望めるらしい。何のこった、いつも船上で揺れに抗っている姿勢が、知らず知らずトレーニングになっていたとは……。自慢じゃないが私は、床に落ちた紙やボールペンなどを、たやすくヒョイッと足指でつかみ取れる。お行儀はさておいて。

加えて、まだ暗い明け方に出港するのもいいと誰かが言っていた。早朝の海上の空気にはオゾンがたっぷりなんだとか。本当に夜明け前の新鮮な空気を肺一杯に吸い込むと、全身の細胞が生き返る思いがする。

ともかくも私の健康のツボは足指にあり。イカやタコやエビたちのようにたくさん足はないけれど、二本の足にはまだまだ自信がある。

45

エプロンへの幻想

エビのいがぐり揚げ

年間

あるパソコンサイトに「人生相談」的なものがある。いろんな人が悩みや愚痴、質問などを投稿すると、それを見た閲覧者からさまざまな意見が寄せられる。昨日読んだ四十五歳の男性からの投稿とその反応が面白く、思わず「そうそう！」と膝を打ってしまった。

男性いわく「結婚以来十数年、妻がエプロンをしない。台所仕事で服が汚れないのか……」。別に妻を責めるとか不満ではなく、素朴な疑問だったらしいが。

この投稿に、すぐさまコメントが殺到した。主に女性たちからだ。「私もしません。いちいちつけたり外したり面倒臭い」「汚れてもいい普段着だから大丈夫」などなど。中にはこんな意見も。「母の日や誕生日などに、夫や子どもたちからのプレゼントが毎回エプロン。そのまま押入れに直行です」。本当はもっと違うものが欲しいのだが、言い出せないのがつらい。

もしかしたら男性たちには、〝かいがいしく家事をする妻〟の象徴として「エプロン姿」があるのかもしれない。そういえばかつて、台所の母親たちはほぼエプロンをしていたし。

ちなみに私もほとんどエプロンはしない。でも、こうした揚げもののときはたま〜に着用します。

45 エビのいがぐり揚げ

【材料】２人分

○エビ 15 匹
○はんぺん小１枚
○卵白１／２個分
○塩少々
○茶そば適量
○揚げ油適量

【作り方】

❶エビの殻と背ワタを取り、はんぺん、卵白、塩とともにフードプロセッサーにかけてすり身にする。
❷茶そばは 1.5 センチくらいに折っておく。
❸①を丸めて②をまんべんなくまぶす。
❹揚げ油を中温に熱し、③を焦げないようにゆっくり揚げる。
❺好みでカボスなどを振って。

46

鶴の飛来に一茶の心

揚げ大根の海老あんかけ

年間

鹿児島県の出水平野には、十月中旬から毎年鶴が飛来する。遠くシベリアから今年も……というニュースを聞くと、小林一茶の句がふと浮かぶ（鶴ではなく雁だけど）。

「今日からは日本の雁ぞ　楽に寝よ」

江戸期の俳人一茶には、こんなか弱きものへの句が実に多い。「雀の子　そこのけそこのけお馬が通る」「やれ打つな　蝿が手をする足をする」「われときて遊べや　親の無い雀」

しかし実際の一茶は、これらの句のイメージとはほど遠い一面もあったようだ。信濃生まれの一茶は、三歳で実母を失い、八歳のときに父が再婚する。やがて異母弟が生まれると、継母は一茶を疎んじるようになる。困った父は一茶を江戸に奉公に出してしまう。

江戸で苦労して働きながら、俳諧の道に才を表し、やがて俳人として一本立ちした。四〇歳を前に故郷に帰るのだが、父の死後に面倒が起きる。継母と弟を相手に、一〇年に及ぶ遺産相続の争いが続いたのだ。その後も、五〇過ぎに二度の結婚をするが次々に妻子を亡くし、大火事で家を失い……壮絶な人生である。

おそらく一茶は、自分の内なる激しさや執着心、怨念といった深い業を自覚するからこそ、それを振り払うように、対極にある慈愛の心で小さき者への句を詠んだのだろう。

「大根（だいこ）引き　大根（だいこ）で道を教えけり」

46 揚げ大根の海老あんかけ

【材料】２人分
○エビ５～６尾
○大根 2.5 センチ厚さ２切れ
○だし 1.5 カップ
A（白だし大さじ１と１／３、
みりん小さじ２、塩少々）
○水溶き片栗粉少々
○揚げ油適量

【作り方】
❶大根の皮をむいて、片面に十文字の切れ目を入れる。ペーパーで水気を拭く。
❷エビの殻と背ワタを取って刻み、だしに混ぜてほぐし、Ａとともに鍋に入れて煮る。最後に水溶き片栗粉でとろみをつけておく。
❸揚げ油を中温に熱して大根を入れ、箸が通るまでじっくり揚げる。
❹③を皿にとって、②のエビあんをかける。

47

帽子美人になりたいが

ブロッコリーのエビ帽子

年間

地下鉄の中で暇つぶしに車内を見まわしていて、気がついた。日本人の帽子のかぶり方が、いつのまにかうまくなったこと！　とくに若い男女はファッション研究心とセンスの良さで、思わず見とれてしまうほど。数えてみたら、ほぼ十代か二十代前半と見える二〇人足らずのうち、八人が帽子着用だった。

海外で上手に着こなす（かぶりこなす？）人が多いのに比べて、やはり日本では四十代以降ともなるとなかなかうまくいかない。私も憧れるのだが、脱いだときに髪がぺしゃんこになるのが苦手で、どうも敬遠してしまう。周囲を見ても、帽子美人にはなかなかお目にかかれない。

そんな中で、帽子とはいえないが髪にかぶって「カッコいい！」と思う女性たちを週に一度見かけている。ホームレスの人たちに教会で昼食の無料炊き出しをするボランティアグループがあり、前を通ると彼女たちの奮闘が見える。髪の毛が料理に入らないよう、全員きっちりと三角巾で髪を覆い、わき目もふらずに野菜を切ったり鍋やフライパンで煮炊きしたり。ファッショナブルとはほど遠い〝作業帽〟だが、みんな凛々しく清々しい。

試しに今日は、ブロッコリーにも帽子をかぶせたら、こうなりました。

47 ブロッコリーのエビ帽子

【材料】２人分

○エビ 150g
○ブロッコリー１／３株
○塩小さじ１／３
○片栗粉小さじ１
○マヨネーズ小さじ１
○ポン酢適量

【作り方】

❶エビの殻と背ワタを取って包丁で叩き、ペースト状にする。塩とマヨネーズ、片栗粉を加えて練り混ぜる。
❷ブロッコリーを小房に分けて、①をかぶせて軽く押しつけ定着させる。
❸湯気の立った蒸し器で７～８分蒸す。
❹好みでポン酢をかけて。

48

海の男の初対面

漁師のショートパスタ

毎年六月から七月一杯は、玄界灘にイカ釣りに行く。お盆あたりまでイカが近場に寄ってくるので、夕方から出港して夜中まで釣れば、だいたい三〇～四〇ハイは仕留められる。

今年は一人、同行者がいた。バリの男性と結婚した友人がちょうど福岡に里帰りしていて、インドネシア人のご主人が大の釣りマニアだというのだ。福岡の海でぜひ……と請われて、先日一緒に連れて行った。バリでは仕事も持っているが、そのかたわらほぼ毎日のように海に出て、半分漁師みたいなものらしい。

私がもう二〇年以上お世話になっている釣り船に同乗したのだが、七〇歳を過ぎた船長も初めて乗せる外国人とあって、最初はかなり緊張していた。バリの彼、日本語はほとんど話せないのだ。

しかし、いざ釣り道具を手にすると、あっという間に船長と意気投合したのである。仕掛けの仕組みやリールの扱いなど、船長の日本語を彼のインドネシア語がうそのようにツーカーで通じている。

海という、ときには命がけの相手と向き合って魚と駆け引きしてきた〝同志〟のような二人に、思わず目が熱くなってしまった。釣果のイカは、バリの彼に教わった一品で。

48 漁師のショートパスタ（ヤリイカ、タコ）

【材料】２人分
○ヤリイカ中２ハイ
○タコ足１本
○玉ねぎ中１個
○完熟トマト中２個
○ニンニク１かけ
○コンソメスープの素１個
○ウスターソース大さじ１
○塩コショウ
○サラダ油小さじ２
○ショートパスタ 200g

【作り方】
❶ヤリイカの足とワタを引き抜き、足は細かく刻む。胴部分はフードプロセッサー（なければ包丁）でミンチ状に。
❷タコも同様にミンチ状にする。
❸玉ねぎとニンニクもみじん切りに。トマトは湯むきしておく。
❹サラダ油で玉ねぎとニンニクとイカ、タコを炒め、つぶしたトマト、ウスターソース、塩コショウ、スープの素で調味して 10 ～ 15 分煮込む。
❺ゆでたショートパスタにかけて。

49

深夜の攻防

イカシュウマイ

夏

六月中旬からお盆前にかけては、なじみの船長からのイカ釣りの誘いが待ち遠しい。船で出かけるイカ釣りは、主糸から五～八本の枝糸を出し、それぞれに「スッテ」と呼ぶ疑似針を装着する。紡錘形の生地にカラフルな布を巻いて、端に鋭く尖った針金が十数本も付いた代物である。

海中で上下に揺れるこのスッテを、イカがエサと間違えて抱きつき、あわれ針金に足や胴が刺さって上がってくるのだ。つくづくイカに生まれなくてよかったと思う。

さてそのスッテだが、紅白だったり、赤・緑だったり、白・ピンクだったり、白に赤の縞だったりと、色の組み合わせもさまざまだ。今年の新色は紫に赤の一本線。釣り道具屋やベテラン釣り師は、やれ「雨交じりの日は緑・赤がいい」とか「黄色は食いがいい」とか、いかにもそれらしい講釈を垂れる。

深夜の、三〇メートルもの下の真っ暗な海中で、イカにそんな判別がつくとはとても思えないのだが「鰯の頭も信心から」の例え通り、素人釣り師はホイホイと新色に手を出すのである。かくして先夜も船出したイカ釣り。今日はイカシュウマイに。

49 イカシュウマイ

【材料】２人分
○ヤリイカ中２ハイ
○はんぺん１／２枚
○玉ねぎ１／３個
A（片栗粉小さじ 1.5、塩少々、薄口醤油小さじ 1.5、マヨネーズ小さじ 1.5）
○シュウマイの皮 10 枚

【作り方】
❶イカの足とワタを取り除き、皮をはいであらく切る。
❷玉ねぎはみじん切りにしてレンジで加熱。
❸フードプロセッサーに①と②、はんぺん、Aを入れてミンチ状にする。
❹ 10 等分に丸め、シュウマイの皮で包んで７～８分蒸す。
❺ポン酢醤油やからしなどで。

50

船上で考案「イカかま」

イカのかまぼこ

夏

考え事やアイデアをひねり出す、どこかいい「場所」をお持ちだろうか。

中国の古典に「作文三上」という言葉が出てくる。三つとは「枕の上」「馬の上」そして「厠の上」。つまり、寝ているとき、馬上で揺られているとき、さらにトイレでほっと放心しているときに、いい文章（詩）は生まれるのだという。

確かに自分でも思い当たる節がある。眠りかけの夢うつつの中で、今悩んでいる原稿の構成がふっと浮かんだり（すぐ目覚めてメモできるように、枕元には鉛筆と紙を置いている）、馬ではないが車で移動中にぼんやり外を眺めていて何かを思いついたり。最後の厠も、実はうちのトイレには何冊か本を置いて、中には料理本もあるのでそこからレシピを思いついたりすることも（尾籠な話で申し訳ない）。

でも、人によってはもっと「自分の場所」があるはず。さしずめ私は「船上」だ。釣りに行って釣れずにぼーっと波間を見ていると、何やかやと脳裏に浮かんでは消えていく。

このレシピも、実は船の上でひらめいた。そのとき釣っていたのはイカだったが、昼ご飯でつまんだ「かまぼこ」がヒントになった。いわばこちらも「板の上」。すり身にしても板上で蒸す。今日は失敗しないよう、流し箱で蒸しましたが。

50 イカのかまぼこ

【材料】２人分
○ヤリイカ中サイズ３バイ
○塩小さじ２／３
○マヨネーズ大さじ１
○片栗粉小さじ２
○青ジソ５枚
○新ショウガ１かけ

【作り方】
❶イカの皮をむいてあらく刻み、フードプロセッサーにかけてすり身にする。
❷①にマヨネーズ、塩、片栗粉、千切り青ジソ、おろしショウガを加えて、粘りが出るまでよく練る。
❸流し箱に詰めて、12 ～13 分蒸す。
❹あら熱が取れてから箱から出し、薄切りにして盛りつける。好みで醤油やポン酢などで。

51

心にしみる締めの味

シーフードトマトリゾット

夏

スペイン語を習い始めた当初、別れの言葉として習ったのは「アディオス」だった。直訳すれば「神のもとへ」。ずいぶん謹厳な、かしこまった言い回しだと感じたものだ。

それをもっと正式に言えば「ヴァイヤ・コン・ディオス（神とともに行け）」。そんな歌詞の歌謡曲もあったけれど、つまり今のように交通も発達してなく、病気や災害などで命を落とすことも多かった時代には、もう二度と会えない今生の別れだって多かったろう。どうぞ神様が守ってくれますように……と願わずにいられなかったはずだ。

もっとも、会話教室が終わった帰り際に先生が手を振る挨拶は、気軽な「チャオ」や「アスタ・ルエゴ（またね）」だったけれど。

日本語だって、「さようなら」の語源は、「あなたが行ってしまわねばならない。そうであるならば（左様ならば）」だと聞いたことがある。洋の東西を問わず、昔の別れの際の〝最後の締めくくり〟には、感情のヒダにしみる味わいがあったものである。

食事の最後の締めくくりも、出会いと同じように大切。今流行のトマト鍋の締めに食べるような、海鮮の旨みたっぷりの洋風雑炊はいかが。

51 シーフードトマトリゾット（イカなど）

【材料】２人分

○ご飯１杯半

○イカ・エビ・アサリなど好みのシーフード150ｇ程度

○玉ねぎ１／２個

○しめじ１パック

○オリーブ油小さじ２

○スープの素１個

○トマトジュース１缶

○塩コショウ

○粉チーズ

【作り方】

❶シーフードはすべて小さく切る。しめじもほぐす。玉ねぎはみじん切りに。

❷オリーブ油で①を炒め、水２カップとトマトジュース、スープの素を入れて煮立たせる。塩コショウで調味。

❸ご飯をザルに入れ、水でさっとほぐして②に入れる。

❹熱が通ったらＯＫ。器に盛って粉チーズを振る。あれば空豆やパセリなど青みを添えて。

7章　身を守る者たち

カキ　アサリ　アゲマキ

中学生や高校生の子たちと話していると、しょっちゅう誰かのスマホが鳴る。すると、会話の途中だろうがなんだろうが、そちらにさっと手が伸びる。着ラインなのか、電光石火で指が動き、返事を返している。いわゆる「即レス」しないと、グループから外されたり嫌われたりするらしい。

若いときは「傷つく」ことに対する恐怖が驚くほど大きいものだ。傷つくのが怖いから、気に染まない相手とも作り笑顔でいたり、そもそも深い恋愛に傾くのをためらったり……身を守る殻をどんどん厚くしていく。

わからないわけではない。誰だって少しでも痛い思いは避けて過ごしたい。でも、彼らにちょっとだけ教えたい言葉がある。

「チュンカイクルサッティニンダリーシガ　チュクルチェーニンダラン」

沖縄に昔から伝わることわざで、「他人から傷つけられても眠れるが、他人を傷つけたら眠れない」という意味だそうだ。子どもたちにも伝えたい。自分が傷つくことにだけ関心が集中するのでなく、できれば周囲を見て「誰かが痛い、つらい思いをしてないか」と意識が向くといいね、と。

海の中で、固い殻で身を守る貝たちは、コミュニケーションをとる言葉も手足もないから、そうするしかないのだけれど。

52

屋台で覚えて帰った味

アサリの台湾風

春、秋

一九八一年、小説以上にジャーナリストとして傑出していた開高健は、ある壮大な旅に出た。アラスカから南米南端のフエゴ島まで釣りをしながら一気通貫しようというのだ。

彼の目は、魚と海や川だけでなく、そこに暮らす人々の生のあり方や社会の現実にも鋭く注がれた。後に出版されたその旅行記で、こんなことを書いている。

「開発途上の国々では、人生のあらゆる現実が〝路上〟にある。愛も、喧嘩も、食事も睡眠も、ときに死すらも」。つまり、人間の本能が生み出す事象が、家の中でなくドアの外で衆目の中でおおらかに行われるのだ。そしてそのすべてを、彼は愛した。ことに「路上での食事」を、極上レストランのフルコースに劣らず熱烈に好んだ。アメリカ大陸だけでなく、ベトナムの、香港の、タイの、韓国の、あらゆる町の「屋台」である。喧騒と混沌と、食べ物のにおいと人いきれの中で、何という楽しさ。傍らを行き交う排気ガスさえちょいとした調味料になる。

台湾を旅したとき、二晩続けて士林や寧夏の屋台街にさまよい出た。夜の空気に立ちこめる濃密なにおいと音。屋台がいいのは、作り手がすぐ目の前だから、見ていればだいたいの手順が分かることだ。このアサリ料理も、覚えて帰って今やウチの大定番である。

52 アサリの台湾風

【材料】３～４人分
○アサリ 500g
タレ（○おろしニンニク２かけ分
○おろしショウガ１かけ分
○長ねぎみじん切り１本分
○豆板醤小さじ１
○醤油大さじ２
○オイスターソース大さじ１
○スイートチリソース大さじ1.5）

【作り方】
❶タレの材料をすべて混ぜ合わせておく。
❷アサリの砂を吐かせてよく洗い、ボールに入れて蒸す。口が開いたものから手早く①に移していく。すべて入れ終わったら、何度かひっくり返して味を全体になじませる。１時間ほどで食べごろ。

53

殻に残る記憶

深川めし

春、秋

貝類は、その種類ごとに個性的な殻をかぶっている。いわば彼らの〝家〟なわけだが、その形状は環境によって生まれるものが多いらしい。

たとえばサザエは、角を持ったイガイガ型と、まったく角なしの二タイプがある。同じサザエなのだが、流れの早い海底だと転がらないよう突起をもつ個体が多くなっていく。

アサリの殻には、一個一個異なる縞模様がある。二枚の殻が合わさるちょうつがいの部分からカルシウムが分泌されて、大きく成長するにつれちょうど木の年輪のように模様も育っていく。

二〇一一年の東日本大震災の翌年、地質や海洋学者たちが東北沿岸のアサリを調査したリポートがある。地殻と海の大変動は、殻にしっかり刻まれていたらしい。殻にくっきりと横の一筋があり、それを境に模様の違う貝が多数見つかったそうだ。その一筋が、ちょうど震災の時期と推定された。いかにあの災禍のダメージが大きかったかということである。

小さな貝でさえそうなのだ。被災した多くの人の〝心の一筋〟は、時間を経ても消えることはないだろう。

53 深川めし（アサリ）

【材料】２人分
〇アサリ 30 粒くらい
〇長ねぎ１本
〇昆布だし３カップ
A（白だし大さじ 1.5、酒小さじ 1.5、みりん小さじ１）
〇ご飯２杯分

【作り方】
❶鍋に昆布だしを入れ、洗ったアサリを入れて火にかける。
❷沸騰してアサリの殻が開いたらすぐ火を止め、ボールにかけたザルにあける。汁を捨てないこと！
❸②のアサリの殻から身を取り出す。
❹②の汁を鍋に戻し、再び火にかけて、斜め切りしたネギとアサリを入れてAで調味する。
❺ご飯に④をかけ、好みで山椒を振る。

54

準備が〝肝〟である

カキの南蛮漬け

冬〜春

日曜日、ある方の初釜茶会に招かれた、床の間に結び柳と白椿を凛といけ、すがすがしい香を焚きこめた茶室には、新春の風情が隅々まで満ちていた。

招かれた客たちの話題になったのは、そのときに使われた茶碗。とろりと手前に垂れる釉薬が、えもいえぬ景色となっている。「窯の中での置き場所が最高だったんでしょうね」と、正客の方も感嘆しきりだった。

十数年前、伊賀のある陶芸家の窯焚きとその前後作業を数日にわたって取材したことがある。成形して乾燥させた一〇〇個近い茶碗やぐい飲み、徳利、花入れ、小鉢や皿などを窯の三つの部屋に並べていくのだが、その「置き場所」に陶芸家は神経を集中させた。いったん窯の口を閉じたら、中での炎の回り具合、空気の流れ、それによる釉薬のかかり具合は場所によって左右される。だからこそ、火をつける前の準備ともいえる「配置」は最も重要なポイントなのだ。初釜のその茶碗を拝見しながら、あのときの緊張感がありありとよみがえってきた。

あらゆるモノ作りに万全の準備が〝肝〟であることは間違いない。きょうの「カキの南蛮漬け」も、揚げる前に一度「ゆでる」のが油ハネさせない準備の一手間である。

【材料】２人分

○カキ（大粒のもの）10～12粒

○片栗粉適量

Ａ（市販のすし酢大さじ２、オイスターソース小さじ２、醤油大さじ１、柚子果汁少々、柚子ゴショウ少々）

○揚げ油適量

54 カキの南蛮漬け

【作り方】

❶湯を沸かし、カキを入れて30～40秒ゆでる。ひだが軽く開いたら取り出す。

❷取り出したカキの水気をペーパーで拭き、片栗粉をまぶす。

❸Ａを合わせておく。

❹油を熱して②を揚げる。

❺熱いうちに③に漬け込む。味が染みたらＯＫ。

55

カキが結ぶ太い絆

カキの海苔炒め

冬〜春

スーパーでも魚屋でも最盛期を迎えてずらりと並ぶカキ。その中には宮城産もある。思い出すのは、東日本大震災の後、フランスと日本を結んだあるプロジェクトのこと。一九七〇年ごろ、世界一のカキ消費国フランスで、養殖カキのほぼ一〇〇％近くに病気が蔓延し、壊滅の危機に瀕した。その病気への耐性を持つカキを世界中で探したところ、宮城のカキだけがヒット。日本から母貝が大量に送られ、危機を回避できた。以来フランスではずっと、日本由来のマガキ養殖が定着している。

そして二〇一一年三月。宮城のマガキ養殖存亡の危機を知ったフランスでは、カキ養殖業を中心に国を挙げて「今度は私たちがお返しを」と一大プロジェクトが発足。その年の産卵期前、種の保存ギリギリの七月中旬に、フランスから一〇トンを超す養殖機材が空輸され、無事に養殖が再開されたのだ。

さらにこれには続きがある。震災から五年後、フランスで再び病気が広がったが、今度は宮城で「フランスお返しがえし」として、すぐさま母貝の輸出が開始された。カキの絆は、ことあるごとに太く堅くなっていく。

このカキ料理は、同じ海の仲間「海苔」と合わせてみた一皿。

55 カキの海苔炒め

【材料】２人分
○カキむき身 10 ～ 12 粒
○赤パプリカ１／２個
○ピーマン１個
A (塩小さじ１／2、酒小さじ１、おろしショウガ少々)
○味付け海苔適量
○片栗粉少々
○ごま油小さじ 1.5
○オイスターソース小さじ２

【作り方】
❶鍋に湯を沸かし、カキを入れて 15 秒ほど湯通しする。
❷ザルにあげて水けを取り、ジッパー付きビニール袋にＡとともに入れて２～３時間冷蔵庫へ。
❸パプリカとピーマンも細切りして下ゆでする。
❹味付け海苔はちぎっておく。
❺②の汁けを切って片栗粉をまぶし、ごま油で両面焼く。
❻⑤に③とオイスターソースを入れて一緒に炒め、ちぎった海苔をたっぷり入れて混ぜ合わせる。

56

殻も価値あり

シーフードグラタン

冬〜春

冬に、友人たちをわが家に招いて食事会を開くとき、よく作るのが「カキのガンガン焼き」である。北海道や三陸から取り寄せた殻つきのカキを〝一斗缶〟にゴロゴロと入れ、白ワインか日本酒を注いで蓋をし、ガスに掛ける。ちょっとレアなカキにさっとレモンを絞って食べる味わいは、ご想像にお任せします。

食べた後には、当然カキ殻がどっさり残る。生ゴミにもかさばるし、重たいし、ちょっぴり難なのではあるが、造園設計をしている友人がときどきは持ち帰ってくれる。よく焼いて粉状に砕くと、バラのいい肥料になるらしい。

取り寄せ先の東北では、以前にこんなニュースもあった。宮城県の石巻工業高校の生徒が、カキ殻を利用した浄化剤を開発し、浄水装置を作ったとか。東日本大震災前の話である。地元の産物に対する情熱は、震災からだいぶ経った今もきっと続いているに違いない。

手元に残ったわが家のカキ殻は、たまにはこんな活用もする。中にシーフードとトマトソースを詰めてグラタンに。これなら手軽におすすめできる。

56 シーフードグラタン（カキ、エビ、ホタテ）

【材料】２人分
○殻つきカキ中４個
○エビ４匹
○ホタテ２個
○小麦粉少々
○バター大さじ１
○完熟トマト２個
○玉ねぎ１／２個
○ニンニク１かけ
○固形スープの素１個
○オリーブ油適量
○塩コショウ
○一味唐辛子少々
○粉チーズ少々

【作り方】
❶玉ねぎとニンニクみじん切りをオリーブ油で炒め、湯むきトマトと固形スープの素を加えて煮詰め、塩コショウと一味唐辛子で調味。
❷カキむき身とえび、ホタテは塩コショウして小麦粉をまぶし、バターで軽くソテーする。
❸カキ殻に②を詰めて①のソースをかけ、粉チーズを振ってオーブントースターで７～８分。グラタン皿でももちろんＯＫ。

57

兵隊と遊女の貝

アゲマキの木の芽焼き

初夏

魚や貝は、地方によって氏名が異なる。たとえばアラカブは関東ではカサゴだし、チヌはクロダイ、クロはメジナと呼ばれる。小さく平べったいので私たちがヒイラギと呼ぶ魚は、東京あたりではギチ、静岡ではシンケ。どう見てもあの魚体ならヒイラギの方が言い得て妙だと思うけど。他にも、土地の風習や歴史にちなんだ名前は無数にあるだろう。

今の時期に店頭に並ぶ「アゲマキ」は、漢字で「揚巻」と書くが、岡山県では「兵隊貝」と呼ぶそうだ。その由来は、むき身にしたときの独特な形。長い水管が二本突き出した様子が、いくつか並べると兵隊の整列を思わせるかららしい。そういわれると、律儀な人間に見えるから不思議である。

もう一つ、そもそも「揚巻」の字が付くのは、昔の有名な遊女の髪飾りに形が似ているから。歌舞伎「助六」に登場する助六の恋人、揚巻のことである。確かに大げさに結いあげた髪には、ビラビラと飛び出したかんざし飾りがついている。なるほど、昔の人はこれを連想したのだろう。

兵隊と遊女。一見無関係のようだが、兵隊は戦争に駆り出され、遊女も毎晩〝女のいくさ〟を繰り広げた。偶然とはいえ、案外似ているのかもしれない。

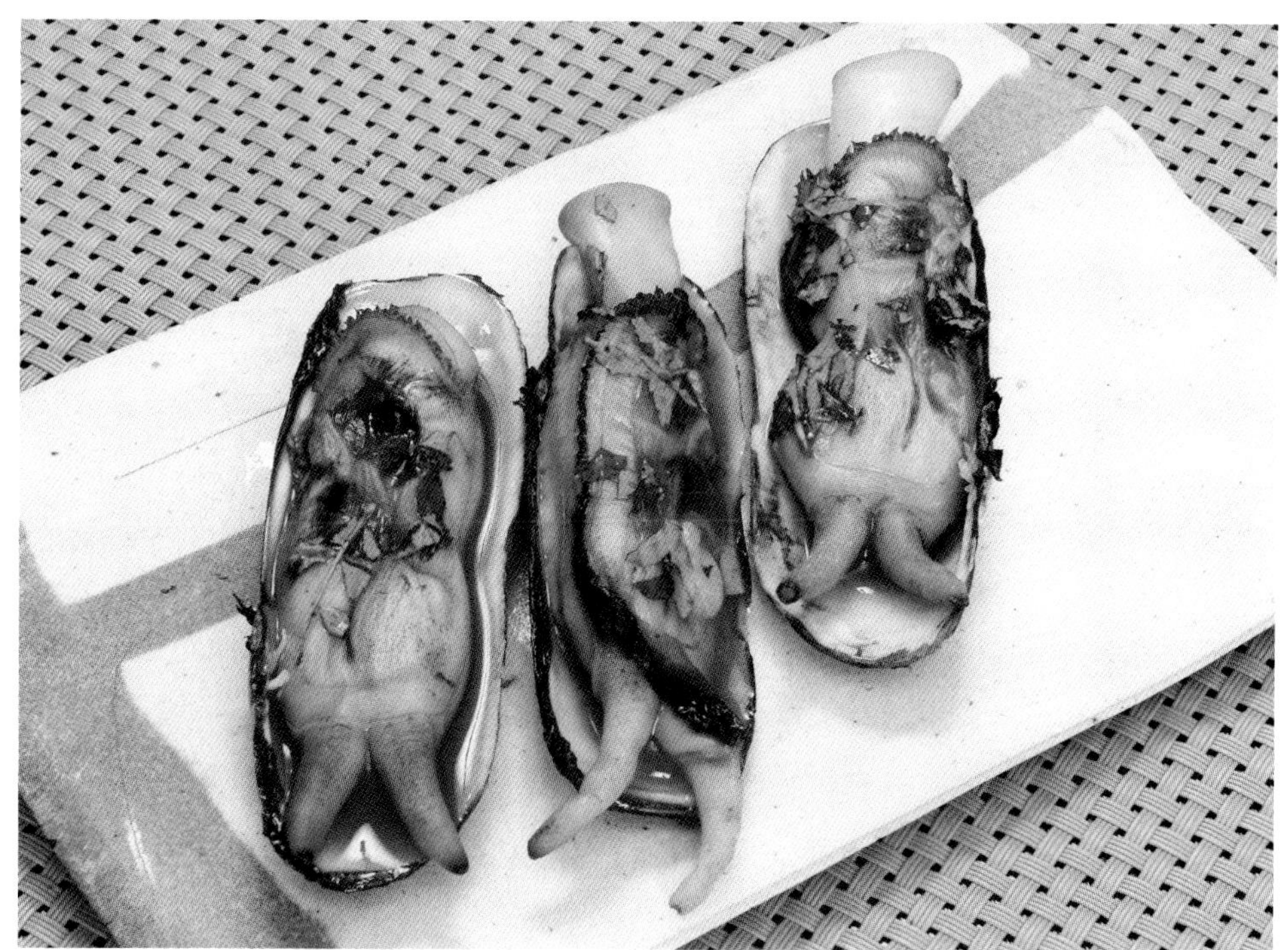

57 アゲマキの木の芽焼き

【材料】２人分

○アゲマキ 10 個
○醤油大さじ１
○みりん小さじ２
○木の芽少々

【作り方】

❶アゲマキをざっと洗って、蒸し器で４～５分蒸す。殻が開いたら取り出して身をはずし、外側の黒い汚れを取り除く。

❷殻を１枚ずつ分け、その上に身をのせる。

❸木の芽の半量をみじん切りし、醤油とみりんと混ぜて、②に塗る。

❹グリルで焼き、途中何度かタレを塗る。

❺焼きあがったら、残りの木の芽を振る。

58

「馬鹿」のもつ力

小柱の梅昆布あえ

春

取材ノートが溜まって整理をしていたら、こんな文句が目についた。

「馬鹿がおりゃこそこの世は保つ　国を滅ぼす利口もの」

もう十数年前、浅草で八十歳近い現役の銅職人を取材したときの書付である。トンテン、トンテンと銅板を叩きのばしている間、その人の言った独り言を書きとめた記憶がある。そういえばそのとき、何かの国政選挙が控えていて、取材中も窓の外をひっきりなしに選挙カーの連呼が通り過ぎた。この国の政治家のことを少々斜に見て言われたのか、それとももう半世紀以上前、自分が体験した戦争のことを話されたのか。「愚直」というフレーズを口にはされなかったが、おそらくそういう文脈だったと思う。ここ数年の社会の急激な様変わりの中で、たとえばＩＴ長者と呼ばれる職種の隆盛などを見て、あの職人さんはあの後もこの言葉をつぶやいたかもしれない。

自分を律することは苦手な私だが、新聞や辞書で「小賢しい」とか「賢しら」「したり顔」などの字を見ると、思わず姿勢を正す気分になる。あの文句を無意識に思い出すのだろう。

冬から春にかけて旬となるアオヤギという貝。かわいそうにこの貝は別名を「バカ貝」という。ときどき舌のようなものをペロリと外に出すのが間抜け面に見えるからとか。でもこのご時世にこの別称。けっして恥ずかしくないかもしれないよ。

【材料】２人分
○小柱（アオヤギの貝柱。刺身用の新鮮なもの）100g
○梅干し１個
○塩昆布大さじ 1.5
○三つ葉１／４わ
○醤油少々
※小柱が入手できないときは、タイラギやホタテを使っても。今回はタイラギを使用

58 小柱の梅昆布あえ

【作り方】
❶小柱はさっと洗って水けを切りる。タイラギやホタテの場合は親指先くらいに切る。
❷梅干しの種を取って包丁でよく叩く。
❸塩昆布は細かく刻む。
❹三つ葉の茎だけを１センチ長さに切り、さっとゆでる。
❺小柱と梅干し、塩昆布、三つ葉をさっくりあえる。好みで醤油をたらしても。

8章 釣りは〝想像力〟

釣りに出かけるたびに、妄想力が発達してくる。海中深く、岩に潜んでいるだろう魚。悠然と群れを率いて真下にいるかもしれない魚。かと思えば、腹ぺこでキョロキョロ餌を探していそうな魚……そんな見えない状況を懸命に思い描きながら、釣り糸を垂れ、仕掛けや深さを変えてみる。釣りとは、ひたすら「想像力」なのだと思う。

そしてともすれば、陸の上でも海がよみがえったりする。まったく関係ない事柄に、「これって釣りに似ているな」「魚とのかけひきもこうだったな」などと連想して、一人苦笑するのである。

婚活に教えたい、カワハギ釣りの極意

姪から、男友だちの恋話（コイバナと読むらしい）を聞かされた。

私も一度会ったことがあるが、細身で声も優しく、まさに今話題の〝草食系〟。つい最近ある女性と付きあい出し、今ちょうど首っ丈というかわいい男の子である。

しかしその彼が最近、彼女の誕生日に贈ったというプレゼントの方法を聞いて、ちょっと驚かされた。公園のベンチで、まず小さな封筒を渡したそうである。中には一個の鍵と地図。近くのコインロッカーの鍵らしい。

彼を残して彼女は地図を頼りに近くの駅へ。そして指定のコインロッカーの鍵を開けると、そこに花束とプレゼントの化粧品があったそうだ。草食系、やるねえ。何と小憎らしい演出ではないか。

そう、今や時代は「結婚難」が常識となり、「婚活ブーム」と騒がれている。男性も昔のように、寡黙で男らしく、仕事ができて泰然としていれば女性が頼りにし、憧れてついてくる時代ではなくなった。

最近の男性は、おっくうがらずに出会いの場へ顔を出したり、友だちに紹介を頼んでおく。そしてガールフレンドができたら、彼のように、彼女と交わすたわいない会話の中から「今、彼女が興味を持っているもの」を素早くキャッチし、記憶しておく。「お金に少し余裕があったときに買いたいな」と彼女が思っているものも、メモしておく（別に、何十万円もするブランドバッグの必要はない。口紅や小さなポーチで十分だし、花屋の店先で「この品種、私好きなんだ」と何気なく口にした花だっていい）。

要は、「相手が欲していること」に対して敏感であることだ。それはモノだけでなく、「気持ちをわかってほしい」という心の要素が大きいことは言うまでもない。「あんな一言まで覚えておいてくれたんだ」という感激は、ときにブランドバッグより効果大である。またあのコインロッカーのように、いつも惰性に流れず驚かせる演出テクニックも〝効く〟。

相手の状況を細かく観察し、その気持ちを汲み取る……ン？　どこかで聞いたような。これって釣りに通じるじゃないか。魚の方が、言葉が通じないだけむしろ厄介なくらいだ。

どんな魚でもほぼ同じだが、とりわけその駆け引きに神経を使うのがカワハギである。秋から冬にかけて、肝も肥えて食べ応えが出る。

ひし形の体型に、つぶらな目。そして文字通りの〝おちょぼ口〟。タイなどに比べて形こそいささか奇妙だが、その味はすばらしい。とくに釣れたては肝を生で食べられるから、醤油にトロトロと溶いて身をからませながら食べると、フグより美味という声もある。

このカワハギ。見た目は少々間抜けな顔をしているが、その機敏さ、頭脳プレイ、行動の緻密さにおいて、他の追随を許さない。

まず第一はエサ取りの素早さである。アジやイサキ、キス、タイなど、ほとんどの魚はダイレクトにエサに食いつく。アラカブなどは、大口で遠慮会釈なくバクッと飲み込むし、アジやサバもあんまり考えずに食っては針にかかって大騒ぎする。

それに対してカワハギは、エサを〝吸い取る〟。あのおちょぼ口で細かく釣り針をよけながら、エサをかすめ取る。その結果、糸や竿はほとんど微動もしないのに、上げて見るともうエサはない。何とも小癪な魚なのだ。

だからこそ、カワハギ釣りはおもしろい。その俊敏さ、その思考、その行動にどう対処するか（ここからが、婚活に悩む男性諸氏にぜひ参考にしていただきたい点である）。

まずは、こまめに竿先を動かすなど誘いをかけては、反応を見る。じっと待っていてはダメである（＝女性に対しても、おっくうがらずに出会いや紹介に気負わず体を動かす。ちょこちょことプレゼントやサプライズで関心を引き、気持ちを伝える）。

エサを続けてとられても、いちいちめげない（＝食事を奢ったりプレゼントをしたりして、たとえ無駄になってもへこたれないで、次のチャンスにつなぐ）。

そして一番肝心なのが、水中のカワハギが「今、エサをかじりかけているな」、「今、吸い込もうとしているな」と、その動向をイメージし、想像力を働かせる（＝相手の女性が今どんな気持ちでいるかに心配りを怠らない）。そして「ここぞ」というタイミングでパッと竿を振り上げ、口先に針を引っ掛けるのである。

これから秋の結婚シーズン。指をくわえてふてくされている男性諸氏も、ぜひカワハギ釣りを経験して、その極意を婚活に生かしてほしいものである。

〈カワハギの香草ソテーレモンバターソース〉

【材料】二、三人分

カワハギ五、六尾、バジルやタイムなどの生ハーブ少々、オリーブ油大さじ二、塩コショウ、小麦粉適量、バター大さじ二、レモン汁大さじ一

【作り方】

①カワハギは、頭を落として切り口から皮を一気にはぎ取る。

②尾とヒレを切り落とし、三枚におろす。

③軽く塩コショウする。

④オリーブ油を平たい皿に入れ、粗く刻んだハーブ類を混ぜて③を一時間ほどマリネする。

⑤小麦粉を軽くはたき、オリーブ油少々を熱したフライパンで両面キツネ色にソテーする。

⑥フライパンをきれいにふき、バターを溶かし、塩コショウとレモン汁を加えてよく混ぜ、ソースを作る。

⑦ソテーしたカワハギにソースをかける。

コラム③　皮まで味わう

釣った魚はもちろん自分ですべてさばかなくてはならない。船上ではとくに〝入れ食い〟（次から次によく釣れること）のときなど、後先考えずにとにかく数を取りこむものだから、帰宅後に大後悔が待っている。疲労困憊にムチ打って、内臓処理だけでもしなくてはならないのだから。

スーパーや魚屋で買うときは、料理に合わせて「二枚おろし」「三枚おろし」「お刺身に」などオーダーもできるだろうが、最近人気も高い海近くの直売所など、調理してもらえないこともある。

ここで「なら買わないわ」とあきらめないでほしい。今はスマホやパソコンであらゆる動画も選べるから、ウロコ落としや二枚おろし、三枚おろしなど基本のさばき方は十分学べる。最初は失敗して、身がグズグズになったり骨にたっぷり身がついてしまうこともあるが、要は「数打ちゃ当たってくる」のだ。骨と身をはがす包丁の角度や動かし方、力を入れるポイントなど、動画をしっかり見て何度もチャレンジしてほしい。

一番難しいのは刺し身にする際の「皮の引き方」かもしれない。三枚におろして腹骨もすき取り、皮をはがしたいとき。端っこを指でちょっとめくるようにして包丁を寝かせて当て、皮の方を細かく左右に動かしながら引いていくのだが、途中で切れたり残ったりと、厄介な作業である。

面倒だ！となったら、いっそ「皮つき」の刺身にしてはどうだろう。鯛でもイサキでも、クロ（メジナ）でもいい。皮と身の間のうまみ成分も逃さないし、料理屋だって立派なメニューとして「松皮づくり」（湯引き）や「焼き霜づくり」（炙り）がある。

〈松皮づくり〉……鯛がおすすめ。皮目に軽く塩をすると、熱湯をかけたときたんぱく質が凝固して、熱が身に回りにくい。皮目を上にしてまな板かザルの上に置き、あればさらしをかけて、熱湯をかける。すぐに氷水にとって、熱が回り過ぎないようにする。皮のうまみも味わえるのがポイント。

〈焼き霜づくり〉……イサキ、カツオ、ハモなどがおすすめ。三枚におろしたら、トーチバーナーで焼き目が付くまで一気に炙る（カセットガスボンベに取りつけるバーナー器具も三〇〇～四〇〇円で買える）。熱が身に伝わらないように、すぐに氷水で冷やし、刺身に引く。フライパンでも可能で、カツオのたたきの場合、カツオブロックに塩をして一〇分ほど置く。油をひいたフライパンでニンニクスライスをカリカリに焼き、取り出す。カツオブロックを中火のフライパンに入れ、表面を手早く焼きつける。その後氷水で冷やしてペーパーで水気を拭き取る。薄切りにして、薬味やポン酢で。

ブリ・ヤズ・カンパチ
見えない相手も、そのクセから…

郵便受けをのぞく楽しみが最近少なくなってきた……と思いませんか?

毎日わがマンションには午後二時ごろ、郵便配達のバイクが来るのだが、たいてい届くのはDMや請求書のたぐい。いえ、別に友だちが少ないというわけでもない。パソコンや携帯のメールボックスには毎日そこそこプライベートメールが入ってくる。

要は、手で書いた封書やハガキというものが激減してきたということだ。たとえ一枚でも、季節の挨拶などとともに近況を伝える自筆のお便りが舞い込むと、少々の心の憂さもからりと晴れるものなのに。

その段で言えば、毎年のお正月はやはり心が弾む。もちろん仕事関係の会社などからは表裏とも印刷のものが多いけれど、個人の年賀状は手製の版画やスケッチも混じり、それぞれの人柄を偲ばせる温かい文字が並ぶ。大晦日からの残り雪の屋外をよそに、心がほっこりとぬくもるものだ。

そんな例年の年賀状。毎年二、三枚は「差出人不明」のものがある。印刷タイプだが、添え書きに自筆の名を入れ忘れたり、表裏とも自分で書いてくださっているのだが、惜しいことに名前なしだったり。さーて、誰なのか。

まずは字から当りをつける。右肩上がりのこの字のクセ、そして添え書きの内容……。「うーん、たぶん高校同級生のあの彼女だな」そそっかしさに苦笑しながらも、類推していく時間はまた別の楽しみだ。

そうやって正月もあっという間に過ぎる頃か

ら、「釣り初め」のシーズンである。毎年、その年の〝釣り運〟が吉と出るように、と釣果の出そうなポイントに出かけていく。

だいたい二月末くらいまでの寒の時期は、ブリやヤズ、カンパチといったいわゆる「青モノ」ねらいが多い。冷たい水温で身に脂をしっかり蓄えた青魚は、刺身に引く包丁がうっすらと脂肪で光る。しかもムッチリプリッと歯ごたえが違う。

釣りを始めた当初、何より驚いたのは、魚がまだ海上に姿を現さないうちから船長がその正体を当てることだった。

「この引きは、タイじゃな」

「これはフグよ。暴れとる」

「オッ、これはブリかもしれんぞ。用心して上げい」

その言葉は、ことごとく適中した。なぜ、見もしないで解るのか。「何年、漁師ばやっとると思う」と高笑いされたが、どうやら船長は、魚が釣り糸を引っ張る〝抵抗のしかた〟で見当をつけていたらしい。

たとえばタイなら、掛かって糸を上げる際、「ゴンゴンッ……ゴンゴンッ……」と二段引きを繰り返しながら浮いてくる。船長いわく「そーれ、小突いとろうが」。

これがキスなら「クイクイッ」という小気味いい引きだし、ヒラメは案外暴れず、重たーく上ってくるときが多い。そういえば、こういう魚の「あたり（掛かって引くこと）」を「魚信」と書く。まさに魚からの〝便り〟なのである。

そんな魚の動きの中でも、青モノの暴れぶ

りは抜きん出る。普通の魚のように「縦に引く」のでなく「横に走る」のだ。口に掛かった針をはずそうと、まさに全速力で〝右往左往〟。だから、両隣で糸を下ろしていた仲間も、すぐさま引き揚げて糸が絡まないようにする。

やがて、波の下に現れる魚影は、予想通り青く輝くブリやカンパチ、ヒラマサなどである。

釣りを始めてもうすぐ三〇年。最初は海上に現れてからやっと魚の正体に気付いた私も、近ごろは何とかこんな〝予想〟ができるように、そして少しは当てられるようになった。手紙も釣りも、見えない相手に思いを馳せるのは、やはり愉快な時間である。

〈カンパチの和風カルパッチョ〉

【材料】四人分

カンパチ四分の一身、青ジソ八枚、白炒りゴマ大さじ一、ドレッシング（昆布茶小さじ二分の一、めんつゆ大さじ二、ユズの絞り汁小さじ一、ユズゴショウ小さじ二分の一、ゴマ油小さじ一）

【作り方】

①カンパチを刺身より薄く、やや広めにそいでいく。
②ドレッシングの材料をすべて混ぜ合わせる。
③青ジソを千切りにする。
④大皿に①をきれいに並べ、青ジソと白ゴマを散らして、上から②をかけ回す。

喜びの魚・キス

　最近、あちこちの鮨屋というのが結構オシャレになってきて、いわゆる〝和モダン〟ふうな高級インテリアの店も少なくない。使う器も作家モノだったりするから、あの手の湯呑みがすっかり姿を消してしまった。

　アレです、昔の鮨屋によくあった「魚ヘンの漢字がずらりと周囲に書いてある」、あの大ぶりの湯呑み。

　好きだったなあ、あの両手で持つほどごつい湯呑み。鮨を握ってもらうのを待ちながら、びっしり並んだ魚ヘンをいくつ知っているか、連れと一緒によく競争したものだ。

　眺めていると、つくづく昔の人の想像力、連想力は現代人をはるかに凌駕していたと思う。形から連想するモノだと、たとえば「鰈（かれい）」。たぶん葉っぱのような平たい菱形からの連想だろう。当然「鮃（ひらめ）」も同類だ。

「鯖（さば）」はきっと、背中の青光りの印象から。「鮍（かわはぎ）」は、皮をピーッと手でむけるあの快感が創字者にもたまらなかったはず。

　その魚の性情や、獲れる季節感による字もある。群れてないとすぐ強い魚のエサになってしまう非力な魚だから「鰯（いわし）」。「鱈（たら）」や「鱩（はたはた）」からは、北国の冬の海が見えてくる。暗い雲が水平線まで垂れ込めて、ときおり不穏な雷鳴まで轟く海。いつの間にかしんしんと白い牡丹雪が音もなく海面に落ちてくる、その厳しい海で、漁師たちが黙々と網を手繰っている……。

　湯飲みを見つめてそんな夢想をしていたら、「早く召し上がってくださいよ」と鮨屋の主人が笑っていたりして。

　魚釣りを始めて、いろんな魚の性情を知るようになってから、魚ヘンの字とはいよいよ懇意になってきた。

たくさんある中でどれが一番好きかと聞かれたら、迷いはするけれどやっぱり「鱚（きす）」かもしれない。だって、魚ヘンに「喜ぶ」ですよ。

キスが釣れる手ごたえというものは、まさに“喜び”という感覚がぴったりなのだ。もちろん他の魚でも釣れたら当然うれしいのだが、キスが針に掛かって揚がってくるときのあの感触は特別である。ビュンッ、ビュンッとも、コンコンッとも、クイッ、クイッ、クイッとも、何とも表現しようのない、弾んで弾んで揚がってくる感じ。下世話な例えをすれば中学一年の女子生徒のような（それもどこか地方の純朴な）溌剌とした若々しさ、初々しさが、ぴんと張った釣り糸から伝わってくるのである。

そして水面に姿を現すのは、上品なパールゴールドに輝く流線形。姿の美しさからいっても、キスはすべての魚のトップ3には間違いなく入るだろう。知り合いの釣り人にも、「僕はキス釣りしかしない」と豪語する男性がいるほどだ。

もちろん食べてもおいしい。とくに、釣りたてのキスをさばいて刺身にしたり、三枚におろして昆布締めに。ちょっと一手間加えるなら、三枚おろしした身にユカリ粉（梅シソの乾燥粉）を振って炙ったりするのもオツな肴になる。

日差しもそろそろ強くなる晩春から初夏にかけて、博多湾でもキス釣りは好機を迎える。志賀島勝馬海岸のすぐ沖や、湾を横断した対岸の西浦の沖あたりが私のよく行くポイントだ。博多湾の埋め立て工事などで海流が変わったとか、海底のヘドロ化だとかよく取りざたされるが、大都市のすぐ目の前でも季節が来れば魚は育ってくれる。回遊してきてくれる。その感動もまた、魚ヘンの右につく「喜び」の一つなのである。

〈キスのユカリ焼き〉

【材料】四人分

キス八尾、市販のユカリ粉適量、昆布茶適量

【作り方】

①キスを三枚に下おろし、腹骨もすき取る。

②身の方に軽く昆布茶を振り、グリルで焦げないように両面焼く。

③途中で取り出し、片面にユカリ粉を振ってもう一～二分焼く。

キスを釣るためのチョイ投げ仕掛け（イラストACより）

同じ「だます」なら、正々堂々と

「だます」という行為は、どんなときも心疚しいものだ。人間に対してはもちろんのこと、その相手がたとえ魚であっても、どこか後ろめたさがつきまとう。

「疑似餌」というのはまさに、魚をだます釣り方。よく川でヤマメやイワナなどを狙う「フライフィッシング」という方法をご存知かもしれない。ヤマメなどは川面を飛ぶ羽虫に飛びつく習性があるため、鳥の毛などでまるで虫そっくりの疑似餌を作り、それを巧みに操って彼らをおびき寄せるのだ。

海でもこの疑似餌を使って釣る魚がいる。今から旬を迎えるアジもその代表選手。釣り方はこうだ。

仕掛けの下方に「こませかご」という網カゴを付け、カゴの中には五ミリくらいの極小エビをぎっしり詰める。そのカゴの上には、八〜一〇本の針がとびとびに付いた「サビキ」仕掛け。針には一本ずつ、薄いビニール片がくっついている。この薄ピンクのビニール片が、水中では極小のエビとそっくりに見える（らしい）。

つまり、船上で竿を上下に振ると、水中でカゴの編み目からエビが無数に漂い出る。そのエビ群の中にはもちろんあのビニール片（の付いた針）もまぎれ込んでいる。エビの匂いに吸い寄せられて集まってきたアジたちは、エビをパクつくうちに思わずそれにも食いつき、「不覚！」の思いもむなしく釣り上げられてしまうのである。

釣具店に行くと、アジやサバ、イサキなどを釣るときの、この「サビキ仕掛け」がずらりと並んでいる。ビニール片も、ピンクから白、グリーンなど色とりどり。「晴れの時には白やピンク、夜釣りの時にはグリーンが効く」などと、熟練者はもっともらしくご託宣なさる。アジやサバが実際に目で見分けるかどうかはともかく。

アジの最高級といえば、大分の佐賀関で釣れる「関アジ」が代表選手。四国佐田岬との間の「速吸の瀬戸」は、潮流が早く、その潮にもまれて身が締まる。また岩礁に棲み付いていてエサを食べるため味も濃いといわれている。

私も何度となく関アジ釣りに出かけていった。ただし、厳密に言えば本当の関アジではない。私たちが乗る釣り船は、佐賀関漁協の漁師たちがアジ漁をする海域に入ってはいけないからだ。その訳は、漁師の生活圏を脅かしてはいけないことと、もう一つある。

私たちは先ほど言ったようにアミと呼ぶ極小エビをカゴに詰めて撒き餌に使うが、このエビは非常に臭い。手や服に付くとなかなか取れないほどに。

関アジ漁師たちは、このエビを食べたアジは身が臭くなると言うのだ。だから、エビかご（生餌）を使わず、疑似餌一本でいく。同時に私たちにも、俺たちの海域に入って撒き餌を散らしてくれるなと言う。なるほどもっともである。

でも、撒き餌を使わず疑似餌のみで勝負する本当の理由は、「プロの漁師の意地」だと思う。見せかけや臭いの強い生餌に頼らず、疑似餌の巧みな動きだけでまるで本物のエビのように魚を引きつけるテクニック。そのためには、仕掛けもすべて手づくりする。針につけるビラビラも、ビニール片などでなく、サバの皮を薄くはいで乾燥させたものを使う。「これが海中では効くんよ」と、佐賀関漁協で会った漁師はきっぱりと言った。

同じ「だます」にしても、正々堂々と魚の知能に勝負を挑む関アジ漁師。それに比べて私たちアマチュアは、今日もしおしおと釣具店で撒き餌のアミを買い求めるのである。

アジを釣るためのサビキ仕掛け（イラストACより）

〈締めアジのサラダ〉

【材料】四人分

新鮮なアジ中一尾、塩たっぷり、酢三分の一カップ、市販のすし酢三分の一カップ、カボスの絞り汁少々、ダイコン十五センチ、アスパラガス三本、味噌大さじ二、すし酢大さじ一・五、ミョウガ一個、ショウガ一かけ

【作り方】

①アジのウロコとゼイゴを落として三枚におろし、腹骨もすき取る。

②たっぷりの塩をまぶして、冷蔵庫で一時間おく。

③塩を洗い流してペーパーで水気を拭き、すし酢と酢を同量合わせたものに四〇分漬ける。

④取り出して皮をむき、中骨も抜き取り、斜めそぎ切りにする。

⑤ダイコンは皮をむいて短冊切りにし、軽く塩でもむ。アスパラガスはゆでて斜め切りにする。ミョウガとショウガは千切りに。

⑥味噌にすし酢をよく混ぜる。

⑦アジと野菜類をさっくり混ぜ、上から⑥をかける。

エサのエビの、価値はいかに？

少し前の話で恐縮なのだが、ある夏のお中元のときのこと。わが家の母との間でひと悶着が起きた。

いつも何かとお世話になる数軒のお宅に、毎年三千円くらいのお中元を贈っている。中身はサラダ油とか醤油とか海苔・お茶漬けセットとか、先様で重なっても困らない平凡で無難なものにしてきた。これまでは。

その年は、ふと思いついて、自家製の「スープの素」（野菜類をいろいろコンソメで煮込んでミキサーにかけたもの。牛乳で溶くとあっという間にポタージュができて便利）や「ご飯の友」（椎茸や昆布、チリメンジャコなどを、穴子を炊いたタレで煮込んだもの。暑い時期にご飯が進む）をクール便で贈ろうかと母に相談したのだ。どちらも、よくうちに見えるお客様にお土産に差し上げて、けっこう喜ばれているものである。

すると、母が難色を示す。「安過ぎて失礼」というのである。

確かに、原価だけを計算すれば二つ合わせても五百円かからない。「ケチったようじゃないの」と母の言い分である。「いつも向こうからも同じくらいの金額（三千円程度）をいただくのよ。これじゃあまるで〝エビで鯛〟ですよ」

辞書で「エビで鯛」を引いてみると、確かにこう書いてある。

「①わずかな元手で多くの利益を得る。②わずかな贈り物で多大の返礼を受ける」。うーん、やっぱり母の方に分があるのか。

何度か押し問答をしたのだが、結局は母の言う通り、いつものサラダ油に落ち着いてしまった。

でも、私自身は今もってモヤモヤが残ったままである。もらってうれしいものであれば、金額の対比にとらわれなくてもいいのでは・・・と。たぶん次回には、再度私が提言して、もう一度論争になる気がする。

エビで鯛。釣りの世界でいえば、これはまさに事実そのもの。鯛は何よりもエビが大好物、

それも大物をねらって一本釣りするときは、今からの季節に入手できる「活きエビ」を使う。体長七～八センチほど、ピンピンはねる元気なヤツである。当然、人間様が食べても上等なエビだ。

ときどき、もったいなくて針につけるのが惜しいこともある。鯛が釣れるならともかく、ケチな魚に横取りされるくらいなら自分で食べた方がましなほど新鮮なのだから。

それでも、気を取り直してこれを針に〝ちょん掛け〟する。尻尾から通したり、頭の脳みそを避けて先端をちょいと掛けたり。要は、エビが死なないように、水中で元気に動いて鯛の気を引けるように。

こうして海底に落とすと、底にいる大鯛が上目遣いにエビを見つけて、食いついてくれる（はずである）。

玄界灘というのは、よくアジ

やサバなどの青魚が盛んに獲れると思われている。でも、意外に知られていないのが「鯛の宝庫」ということだ。

関東の房総や伊豆などの釣り船に数人乗っても、全員合わせて五、六尾の鯛しか釣れないという話を聞いたりする。それに比べて玄界灘なら、一人十尾近く釣れることも珍しくないのである。

ときおり、仲間うちでこんなムダ口を叩くほどだ。「あまり釣れない関東なら、鯛の価値もうんと高くて『エビで鯛』が納得できるけど、九州じゃエビと鯛と同等かもな」

もちろん、鯛が釣れればうれしいに違いはないが、それほどに九州は（とくに玄界灘は）鯛に恵まれたエリアであるということだ。

エビより鯛がうんと価値があるのか。それともあまり大差ないのか。今年のお歳暮シーズンはまた、母との論戦が待っている。

〈鯛のソテー白ワインソース〉

【材料】四人分

鯛四切れ、玉ねぎ二分の一個、白ワイン一〇〇cc、白ワインビネガー三〇cc、魚の骨でとっただし五〇cc、生クリーム三〇cc、バター一〇〇グラム、レモン汁少々、塩コショウ、しめじ一パック、バジルみじん切り

【作り方】

①鯛の両面に塩コショウして、オリーブ油で表面をパリッと焼く。

②玉ねぎのみじん切り、白ワイン、白ワインビネガーを鍋に入れて煮詰める。

③だしを加えてさらに煮詰める。最初の量の半分くらいになるまで。

④生クリームを入れてひと煮立ちさせる。

⑤泡だて器などで静かにかき混ぜながら、バターを少しずつ加え、もったりさせる。

⑥最後にバジルのみじん切りなどを加えて。

⑦鯛ソテーにしめじなどを添え、⑥のソースをかける。

「待つ」ことを思う

七～八年前、初めてヒラメ釣りに誘われたとき、先輩から一つの格言をおごそかに伝授された。

「ヒラメ三〇」。

ヒラメというのは警戒心が強い。針についたエサを一度はパクッとくわえるが、そのまま飲み込んだりはせず、しばらく口の中で保って様子を伺っている。だから、「掛かった！」とあわてて竿を振り上げたりすれば、ヒラメは口から吐き出してしまうというのだ。

「だからな、ゴンッとくわえた気配がしたら、焦っちゃだめだ。そのままじっと〝イチ、ニ、サン…〟と、数えて待つ。三〇くらい待ったらヒラメも安心して飲み込む。『待つ』、これがポイントだな」

ヒラメのベテラン釣り師は、こんこんとそう説いてくれた。

そもそもヒラメは海底の砂地に棲む。あの黄土色に斑点の背の色は、まさに砂地とそっくり。海底に同化して、カモフラージュしているのだ。

しかも、二つの目玉は海底と同じ位置。どう考えても、「上」しか見えない。だからヒラメは、目の上を通り過ぎる小魚を見るや、がばりと身を躍らせて獲物をくわえ込むのである。

釣り人は、真下にヒラメがいることを願いながら、エサを上からゆるりと落としていく。船釣りしていると、五〇センチ隣りの人が釣れて、こちらには何のアタリもないことがよくあるが、ヒラメの場合はまさに、「下にいたかどうか」が運の分かれ目になることも多いのだ（もちろん、泳いでいるヒラメもいるから、運ばかりでないのは当然）。

そう教わって挑んだヒラメ釣り。ビギナーズラックもあってか、教わった通りあわてず「待って」、中くらいの獲物を何とか釣り上げた思い出がある。

＊

鼻歌交じりにここまで書いたのが、二〇一一年の三月十日だった。翌十一日の夕方ごろから続々と報道される、目を覆うばかりの惨状。翌日もその翌日も、日を追うごとに被害の状況は予想をはるかに超えていった。

私にとって東北は、昔からかなり縁が深い土地である。親類こそいないが、被害の大きかった宮古、久慈、八戸、気仙沼、大船渡などにも取材で訪れたことがある。

大船渡で、古代ケセン語研究の話を暗くなるまで聞かせてくれたお医者さん。久慈の海辺で会ったウニ採りの海女さん。気仙沼の海岸に立っていたユニークなモニュメント。宮古一の景勝地と市役所の人が自慢して案内してくれた「浄土ヶ浜」の海岸（本当に、その名の通り、この世のものと思えぬほど清らかな白砂と、荘厳な形の岩山が連なっていた）。

宮古の町なかの海産物市場では、五月なのにまだストーブが焚かれ、その上で焼いたお餅や干物を「ほれ、あねさも食べれ」と山菜売りのおばちゃんが分けてくれた。あの朴訥なお国なまりと、かわいい花柄のスカーフと、真っ赤なほっぺた。

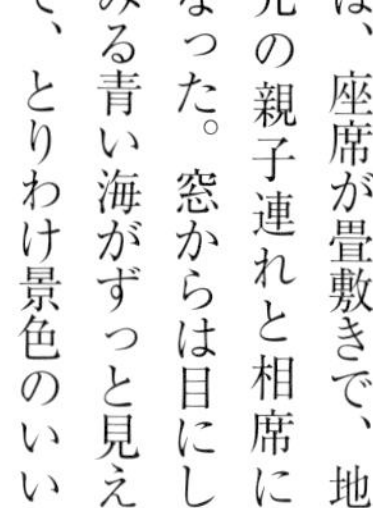

海沿いを走る三陸鉄道は、座席が畳敷きで、地元の親子連れと相席になった。窓からは目にしみる青い海がずっと見えて、とりわけ景色のいい

鉄橋の上では電車がスピードを落として見物させてくれた。あそこの人たちにとって、自慢の故郷の、海の風景だったはずである。

　震災の前年に惜しまれつつ亡くなった歌人の河野裕子さんに、「待つ」という言葉の入ったこんな歌がある。

　百年の余白のうへの花吹雪
　鎮まりがたく鬼を待つなり

　歌の正しい解釈とは異なるだろうが、今はこの歌から一つの風景を思い浮かべる。

　海沿いに肩寄せ合っていた家々も並木も、商店街も路地も人の命も、すべて波が奪い去った町に、百年経ったらもう一度桜の花が満開になる日が来ますように。

　今、見失った家族を探して、探して、さまよい歩き、ごうごうと涙を流して吼える鬼のような思いになった人たちも、いつかその心が鎮まるときが来ますように。

　百年経って、花吹雪の風景をしっかりとかばうように、浄土へいった人たちは心優しき鬼となって、荒れる海から身を挺して町を守ってくれるだろう。

　その日を、今はただ待ちたいと思う。

〈ヒラメのチーズフリット〉
【材料】二人分
　ヒラメ（さばいて身だけにしたもの）二〇〇グラム、小麦粉適量、卵一個、パン粉適量、粉チーズ適量、パセリ少々、塩コショウ、揚げ油
【作り方】
①ヒラメの身を指くらいの太さに切って、塩コショウする。
②パセリをみじん切りにし、粉チーズとともにパン粉に混ぜる。
③ヒラメに小麦粉をまぶしてはたき、溶き卵をつけ、②の衣をつける。
④油を熱して、中温よりやや高めくらいにし、③をカラリと揚げる。

「出世」したいか、したくはないか

新年度が始まって早三ヵ月。新入社員たちもそろそろ一人前の働きを要求されるころだろう。

私の姪っ子も、獣医師免許を取って動物関係の製薬会社に入社したのだが、一ヵ月余りの研修を終え、赴任先が宮崎となった。このところ口蹄疫や鳥インフルエンザなどが続いている地域だけに、新人とはいえかなりハードなスケジュールで毎日ヘトヘトになっているようだ。

会社という組織の中では、どうしても上司や先輩たちと新人との〝世代の違い〟が随所で露呈する。姪も歓迎会でカラオケに連れて行かれて、上司の選曲にときどき目が点になるらしい。

先日新聞を読んでいて、こんな記事に目がとまった。

〝肉食上司〟に〝草食新人〟～大手企業の社員一三〇〇人に行なった意識調査～

〝肉食タイプ〟（挑戦志向で周囲に影響力を発揮することに価値を置く）と〝草食タイプ〟（リスクの回避、現状維持を望み、周囲との調和を好む）に分類すると、管理職世代では肉食七対草食三の割合だったのが、若手世代ではそのまったく逆、三対七だった

とか……。

かつては必死に仕事を頑張ることが経済的な豊かさに直結したから、「出世」や「上昇志向」が男子の本領とされていたけれど、物心ついて以来ずっと不況と閉塞感で将来の見通しも立てにくい今の新人たちには、「出世」という言葉もさほど魅力的に響かないのだろう。「上に行っ

たらその分気苦労が増えるだけ」という感じなのかもしれない。

しかしながら、年配の世代にだって「出世」を目指さなかったサラリーマンは珍しくない。先日取材で出会った六十四歳の木工職人も、まさにその一人だった。

もともとはシステムエンジニアでコンピューター関連の会社勤めだった。しかし、三十代後半になるとどうしても管理職にならざるを得ない。

「僕はやっぱり〝現場〟にいたかったんですよ。部下たちを指揮したり評価するよりもね」

そこで四十歳を前に思い切って会社を辞め、長野の木工専門の職業訓練校に入学した。若いときから手先は器用だったという。一年間の訓練を終えて、郷里福岡に戻り、山あいに小さな工房を開いた。

むろん、すぐに注文が殺到するほど甘くはない。細々と、しかし一心に木を削り、椅子やテーブルや棚を作る日々。今ではどうにか固定ファンもついてきた。「サラリーマン時代に比べて、自然に笑顔になることが増えました」と、気負わず話していた。

彼以外にも、「ずっと子どもたちを教えていたいから」という理由で教頭や校長への昇任試験を受けず、退職するまで教壇に立っていた小学校の先生に会ったこともある。

この人たちは、どんな混雑の中にあっても、決して「人を押しのける」ことはないだろうな、と感じたものだ。

出世が美徳とされた時代に、おそらく命名されただろう〝魚〟の一群がいる。スズキ、ブリ、ボラといった、幼魚から成長するにつれて名前が変わる、いわゆ

る「出世魚」である。

ブリならば、生まれてから三五センチほどまではまだ「ヤズ」と呼ばれる若造扱い。だんだん大きくなって六〇センチくらいまでが「ハマチ」、その次に八〇センチ程度までが「メジロ」、そして八〇センチ以上で晴れて「ブリ」と名乗れる。ヒラ→係長→課長→部長以上……みたいな図式である。

ボラは、幼魚を「オボコ」といい（無垢な娘をオボコと呼ぶのはここから）、その次が「スバシリ」、さらに「イナ」（粋な若者を「イナセ」というのもここから）、そして「ボラ」となり、最後の老魚は「トド」となる。「とどのつまり」もこれからきている。

今から夏にかけて、「あらい」や「塩焼き」がおいしくなるスズキも、やはり出世魚。一五センチ以下は「コッパ」、二五センチくらいまでを「セイゴ」、五〇～六〇センチで「フッコ」、それ以上でやっと「スズキ」と名乗れるのだ。

博多湾の沖の防波堤あたりでも、ルアーで結構釣れるスズキ（になっているかどうかはともかく）。ファイティング精神旺盛な魚で、やりとりもおもしろい。鋭いエラの部分で、糸を切ろうと大暴れする。さすがに「出世」の名がつく通り、〝草食〟よりは〝肉食タイプ〟である。

〈スズキの唐揚げ・梅肉添え〉

【材料】四人分

スズキ三〇〇グラム、塩少々、片栗粉少々、揚げ油適量、梅干し大二個、ミョウガ一個、青ジソ数枚、しょうゆ少々

【作り方】

①梅干しの種を取り除いて、包丁でたたき、みじん切りにしたミョウガと青ジソと混ぜる。しょうゆ少々を加えて梅肉タレにする。

②スズキを薄切りにし、塩を振って片栗粉をまぶす。

③油を熱して、②をからりと揚げる。

④皿に盛って、①のタレをかける。

「ついで」はないか…

人の性格を「せっかち」派と「のんびり」派に分けるとしたら、私は疑いもなく前者である。何かにつけて〝てっとり早く〟済まないと落ち着かない。

歩くときは大股で、人を追い抜くとうれしい。一緒に歩いた友人から「今から敵討ちですか……みたいな〝前のめり〟」と呆れられたことがある。

バスに乗っているときもそうだ。運転手が慎重派で、信号がまだ青点滅のうちに止まろうものなら（安全のため、乗客が転んだりしないためにはもちろん理想的な運転マナーである）、口には出さないが内心ではこう呻く。「うゥゥ、もっと男らしく突っ込まんかい！」……われながら浅ましい。

毎日の暮らしの中でも、いろいろな場面でそれが現れる。たとえば朝。

一階の郵便受けまで朝刊を取りに行くのだが、「その〝ついで〟に何かできないか」と、つい思ってしまうのだ。

居間を見回すと、昨日、天気が悪くて部屋干ししていたトイレのタオルがある。玄関に行くついでにそれをトイレに掛けていく（これで一度に二つの用が済んだ、しめしめ）。ついでに、台所の生ゴミ袋も外まで出してこよう（これで三つだ、ほくほく）…といった塩梅。

狭い家の中で、別に何回往復しても時間的にも労力的にもたいした違いはないのに、一往復しただけで三つの用件が済んだりすれば、もう朝から気分よく浮かれているのだ。好きな言葉はもちろん「一石二鳥」である。

「効率を目指す」といえば聞こえはいいが、

要はなるべく少ない行動で、できるだけ多くの用を済まそうとするセコい性分なのだと思う。大物でないことは確かである。

ただ、この「せっかち気性」も、釣りのフィールドだと悪いことばかりではない。

昔、まだ釣りを始めていないころは、岸壁や浜辺などで釣り糸を垂れている人を見ると「のんびり、悠長だなあ」と思ったものだ。しかしいざ自分がその立場になったら、まったく逆だった。釣り人は、だいたいにおいて「せっかち」が多い。

海中に仕掛けを垂らして、魚の当たりを待つ。一分、二分……。竿先はまったく動かない。もう少しゆっくり待ってもよさそうだが、ついついリールを巻いて仕掛けを上げてしまう。すると、ついていたエサがないことも多いのだ。ほとんど気付かぬうちに、カワハギやフグなどにエサをとられてしまっている。

こらえ性がなかったお陰で、そのままエサ無しで待つムダをせずに済んだ。こんな経験値が、釣り人をせっかちに育てていくのだろう。

二月、三月と暦が進むと、釣りたい魚の種類も増えてくる。アラカブ、メバル、アマダイ、真鯛……。そして私の「ついでに」性分は、船上でも変わらない。

釣るほかに、何の「ついで」が存在するかって？ それがあるのです。釣れた魚を船上でさばいて、でき得れば「一夜干し」にまでしてしまおうという魂胆。

きっかけは、以前、五島のある漁師を取材したときだった。漁師歴ウン十年という熟達の彼は、釣れたアジやイカを手際よく腹開きにして、張ったロープに洗濯ばさみで留めては、帰るまでに見事な即席干しにしていたのだ。塩気は、海水の塩分でちょうどいい。「天晴れ！」と、その知恵を早速いただいた。

ただし、何人も乗り合わせる釣り船で、私だけ頭上にロープを張ったりしたら間違いなく顰蹙（ひんしゅく）を買う。そこで、市販の「脱水シート」を持ち込む。これは、特殊な吸水ジェルが仕込んであり、生魚を数時間で脱水してくれる優れモノだ。

もっとヒマなときなどは、昆布を持っていって、三枚おろしにした身をはさんで「昆布じめ」にして帰ったこともある。

秋口からは、アマダイなどはもってこい。水分が多い身なので、生よりも一塩モノの方が、身が締まっておいしいのはご存じの通り。こうすれば、その日の夜には、ビールに合うアマダイの干物がちゃっかり食べられるという寸法だ。

釣れたアマダイを、船の隅でこっそり二枚おろしにし、ちまちまと脱水シートにはさんでいるセコい釣り人は、私です。同乗のお客様、どうぞお見逃しくださいね。

〈アマダイの昆布じめ〉

【材料】三〜四人分

アマダイ一尾、昆布（大き目のもの）二枚、ポン酢、紅葉おろし

【作り方】

①アマダイを三枚おろしにし、中骨と腹骨を取り、皮をはぐ。

②酒で湿らせた昆布に①をはさんで、ラップで包む。

③冷蔵庫で五〜六時間落ち着かせる。

④昆布をはずし、薄切りにして、ポン酢や紅葉おろしで食べる。

〝ひそむ〟モノを感知するには

しのぶれど色に出でにけりわが恋は
ものや思ふと人の問ふまで　　平兼盛

ウン十年前、正月が近づくとわが家では「百人一首」の練習が始まった。同居していた祖父母や叔母、母などが、押し入れの奥からいそいそと古い木箱を出してくる。

他の季節には、週末の夜などに卓上に並ぶのはたいていトランプである。神経衰弱やセブンブリッジなどに家族こぞって興じるのだが、やはり正月は大人たちの気分も〝和〟に向くのだろう。札を読む祖父の声もひときわ張り上がり、こたつの上で王朝和歌が飛び交うのだった。

正直言って小学生だった私や妹に、くずし字しかも変体仮名の和歌はちんぷんかんぷん。当初はせいぜい絵札を見ながら「これはお坊さんの歌」とか「お姫様の着物がキレイ」程度の印象しか持てない。

さりながら、子どもの耳は達者なものである。意味はわからぬまま、言葉の抑揚や音の流れで、いつのまにか暗記してしまうのだ。

百首の中でなぜか一番に私が諳（そら）んじたのがこの平兼盛の歌だった。（ちなみに妹がこだわった一枚は猿丸太夫の「奥山に紅葉踏み分け鳴く鹿の声聞くときぞ秋は悲しき」。「鹿が鳴くはずはない」と強情に言い張っていたっけ）。おかっぱ頭で膝には絆創膏をベッタリ貼った子が「しのぶれどいろにいでにけりわがこいは…」などと唱える様は、今思っても珍妙である。

この歌の意味が理解できたのは、ようよう中学三年くらいになってから。存在が妙に気になる男子同級生に、なぜかいつも突っかかっては口喧嘩になる。素直にモノを尋ねればいいものを、どうしても意地を張った口調になる。そんな私を見て、女友達が「面倒なヒトだねえ」と笑ったものだ。

そんなふうに他人の心の内を察するのが巧みな彼女は、自分のこととなると決して私たちに覚らせはしなかった。ずいぶん経ってみな社会人になったとき、その彼女がなんと同じクラスだった男性と結婚したと聞いて、誰もがアッと驚いた。まさに、世阿弥の「秘するが花」を実践してくれたわけである。

というわけで、秘することも察することも不得手だった私が、釣りをするようになってからは、不思議に「ひそんだものの察知」という点では結構才能を発揮している。

とくに今の季節、ブリやカンパチ、ヒラマサなどの青物が群れをなして回遊する冬場が好機である。見えざる海中の〝秘められた〟様相が海上に〝表れる〟のだ。もって回った言い方はやめよう。冬場には珍しく波も穏やかで、凪いだ遠くの水面に、ふと目を凝らすとある一部分、細かくしぶきが立ち騒ぐことがある。

広さはおよそ三〇～五〇メートル四方くらいか。陽の光を受けてキラキラ輝いたりもする。「なぶらじゃな」。船長がそうつぶやく。「青モンのおるばい…」。

そう、この「なぶら」こそ、海中の異変を知らせる目印なのだ。ブリやヒラマサ、カンパチ、カツオなど小魚を食べる大型の魚群が近づくと、イワシなどの小魚群は恐慌をきたして水面近くまで逃げ惑う。その群れがバシャバシャと波を立てるのである。不肖私は、船長からも「あんたは目が良か、なぶらを見つけるのがうまかよ」とよく誉められる。

なぶらが立つと、空中にも変化が起きる。水面に沸き立った小イワシなどをねらって、カモメが飛翔してくる。この鳥の群れを「鳥山（とりやま）」と呼ぶ。海中からは追いたてられ、空からもねらわれて、あわれ小魚は逃げ場もない。もちろん、そのなぶらと鳥山を目当てに、船を急行させるのがわれわれ釣り人。小イワシたちの動きのお陰で、海中のヒラマサやカンパチの居場所を察知できるわけである。

お陰で青物もいい釣果を得て、港に帰る船上でふと考える。

昔に比べて現代は、人と人とのダイレクトな接触の機会が減ってきた。そばにいる人のちょっとした仕草や態度の変化、そこに秘められた感情の起伏を、敏感に察することも不得手になった傾向がある。

無論私もその一人であり、そうした鈍感さは心して避けねばならないと思っている。人間社会の「なぶら」立ちも、素早くキャッチできるように。

〈ヒラマサの刺身・ネギ醤油だれ〉

【材料】三〜四人分

ヒラマサ四分の一尾、長ネギ二本、醤油大さじ四、酒大さじ一、柚子ゴショウ小さじ一、ごま油小さじ一、炒りゴマ大さじ山一

【作り方】

①ヒラマサの皮をはいで、刺身に切る。

②長ネギの白い部分をみじん切りし、醤油、酒、柚子ゴショウ、ごま油とよく混ぜて二〇分ほどなじませる。

③刺身を並べて盛り付けた上に②をたっぷりかけ、ゴマも振って食べる。

釣り針の幸せ

新聞の海外情報欄で、一つの記事に目が吸い寄せられた。激しい紛争が続くシリアから、隣国エジプトに逃れた難民の記事だった。

カイロ郊外で、現在小さなファストフード店を営む二十七歳の男性、ザヘルさん。彼はもともとシリア首都のダマスカスで、大繁盛していたレストランの経営者だった。一日二十万円を売り上げ、「夢を描いて全力を尽くせば、神様がきっと助けてくれる」と信じて毎日精力的に働いていたという。

しかし内戦の空爆で、店と自宅は全壊。妻と子を連れて、着の身着のままでエジプトに逃れてきた。しばらくは気力も失っていたが、「ここで負けられるか」と一念発起。一五平方メートル余りの空き地を借り受け、たった一つのテーブルで、炙ったチキンや牛肉をパンではさむシリアの郷土料理を出すようになった。

最初は自分たちと同じく故国を逃れたシリア難民たちが常連だったが、今ではエジプト人たちにもその味が広まり、人気は上々だ。さらにザヘルさんは、次の事業にも着手。オレンジの輸出というビジネスも始め、シリア人百五十人を雇用できるほどになっている。

そのザヘルさんが、記者に告げたのが、この一言だ。

「ぼくらに必要なのは、魚ではない。それを釣る〝道具〟なんだ。食糧支援なんか要らない。たとえ失業しても、また起業すればいいんだから」

その言葉が、十年以上前のある光景を、ありありと私に思い出させた。インドネシアのバリ島に、ある日本人を取材に行ったときのこと。長年バリと日本を行き来し、現地の人々の暮らしにも精通している彼が、取材の合間に郊外の漁村に連れて行ってくれたのだ。

「この間ここに寄ったとき、頼まれたものがあってね」

それは、日本で買い込んだ「釣り針」だった。といって、別にプロ向けの特別なものではない。ごく普通の釣具店で、一袋に十本くらい入って三百円前後の、私たちもしょっちゅう買う普及品である。それが、ここバリでは貴重だというのだ。

「バリで売っている釣り針は、すぐ曲がったり、せっかく釣った魚がはずれたりするんだって。日本の針は精巧で長持ちすると、みんなすごく喜ぶよ」

その言葉通り、港ともいえない砂浜の一角に着くと、ずらりと並んだ小舟からわらわらと村人が集まってきた。

彼が釣り針を配り始めると、四方八方から手が伸びる。渡された一袋を押し頂くと、すぐさま舟に向かい、みんな意気揚々と海に漕ぎ出していった。

彼が配った釣り針の総額は、どう計算しても一万円足らず。それが、数十人の漁師たちの仕事を確実にサポートし、その家族たちの糧まで保証するのである。日本の海外援助の巨大プロジェクトがよく話題になるが、何十億、何百億というその金額とはケタ違い。しかしこの日ではっきりとその成果を見ることができた、忘れられない一日だった。

その日の夕方は、海が見える瀟洒なレストランで、さまざまな魚料理をご馳走になった。東シナ海に浮かぶバリ島は、生息する魚種が日本とよく似ている。昼間にあの浜辺で揚がっていたのも、アジやイワシ、イシモチ、フエダイなど見慣れた魚が多かった。

その中に、私が好きなコノシロもあった。身が薄くて斑点のある、塩焼きや酢漬けにするとおいしい魚だ。小さいときはシンコと呼ばれ、高級な鮨ネタにもなる。亡き池波正太郎も、シンコの握りには目がなかった。

バリでは、細かく包丁目を入れて香ばしく焼いてあり、インドネシア特有のサンバルという調味料をかけて食べた。酸味と辛味が香ばしさを一段とアップさせて、私は二皿目をお代わりした。

九州内でも、堤防などから疑似餌で投げ込むと、小アジなどに混じってコノシロがときどき掛かる。人はあまり興味がなさそうだが、私はいそいそと持ち帰る。

今も、バリ島に通うあの日本人は、ときどき釣り針を届けているだろう。木を張り合わせたような素朴な小舟で、今日もコノシロが大漁だといい。

〈コノシロのカレー南蛮〉

【材料】二人分

コノシロ四尾、小麦粉少々、揚げ油適量、A（だし一カップ、醤油大さじ三、砂糖大さじ三、酒大さじ一、一味唐辛子少々、カレー粉小さじ一、酢大さじ八）

【作り方】

①コノシロの頭とウロコを取り、内臓を出す。
②小骨が多いので、包丁で細かく切れ目を入れる。
③小麦粉をはたいて、しっかり揚げる。
④だしに酢・醤油・砂糖・酒・一味唐辛子・カレー粉を加えてよく混ぜ、漬け酢を作る。
⑤揚げたコノシロを④に漬け込む。一～二時間すれば食べごろ。

思いを巡らす糸の先

先日、四国旅行の途中で松山にも立ち寄り、初めて俳人・正岡子規（一八六七～一九〇二）の記念博物館を訪ねてみた。同行の友人が長年の俳句好きなこともあるが、私自身にもちょっとした動機があった。

去年の夏、仕事で上京したとき、打ち合わせの事務所が鶯谷（うぐいすだに）と聞かされた。土地勘もなく、おまけに古い家々が入り組んでいてわかりにくい。待ち合わせ時刻は近づき、焦りまくって探していたとき、一軒のしもた屋が目についた。表札に「子規庵」とある。戦災で一度焼失したものの、弟子たちの熱意で再建された、子規最期の家だったのだ。

もちろんその場は急いでいたから、打ち合わせが済んだあとに再び訪ねてゆっくりと参観してきた。重い脊椎カリエスを患った彼が二年余りを伏して過ごした部屋も、激痛に身をさいなまれるその目を安らげてくれた庭の木々も、忠実に再現されていた。

「病床六尺、これが我世界である。しかもこの六尺の病床が余には広過ぎるのである。僅かに手を延ばして畳に触れる事はあるが、蒲団の外へまで足を延ばして体をくつろぐ事も出来ない。甚だしいときは極端の苦痛に苦しめられて五分も一寸も体の動けないことがある」（『病床六尺』より）

わずか二メートル足らずの空間に限定されながら、その眼はしかし宇宙のかなたまでも伸びていた。病気は彼の肉体を縛りはしたが、心の自由と想像の跳躍まで閉じ込めることはできなかったのだ。

……といういきさつを経て、数ヵ月後に

訪れた松山の記念館であった。展示された子規の句一つ一つが、何倍にも身にしみて迫ってきたことは想像していただけるだろう。

館内には、外国人らしい入館者もいた。今や俳句は世界各地に愛好者が広がる文化だから、ここを目当てに海外から来る観光客の探求心もうなずける。

思えば、子規の時代から一世紀余り。あのころは、病床に縛られた子規ならずとも、海外はもちろん国内の旅行へも行ける人は限られていた。

それにひきかえ今は、お金と時間さえあれば世界一周だろうが、宇宙旅行だろうが、思いのままである。もっと言えば、家に座ったままだって、目の前のパソコン画面に入力すれば、望んだ場所の現場に立って実際の景色を見まわすことさえできる。

ときどき、ふと思う。私たちは本当に幸せな方向に進んでいるのだろうか、と。砂漠を迷う人が水を求めるように、手の届かないものへ身を焦がすように渇望したり、必死に想像したりしていた時代の人々は、私たちより幸福度は低いのだろうか、と。ここ数年ときどき頭をもたげるその思いは、旅行から帰った今もまだしぶとく居座ったままである。

眼仁奈 メジナ（クロ）

北西の風が強い冬が明けて、春先からの釣行シーズンに、先日は久しぶりに「磯釣り」の誘いを受けた。いつもは船に乗って玄界島沖とか小呂島沖とか壱岐近くに出かける「船釣り」を主としているが、今回のターゲットはメジナ（九州では「クロ」の名が一般的）。この魚は、海岸の岩場から釣ることが圧倒的に多い。

もちろん船で沖に行って

もメジナはいる。しかし、岩場にぐっと陣取って、エサを慎重に撒きながらだんだんと魚をおびき寄せていくのが、磯釣りの醍醐味である。

正直言って、船で釣れそうなポイントに直接行って竿を出す方が断然簡単である。反応がなければまた違うポイントに移ればいい。「それじゃつまんねえさ」と、磯釣りファンは胸を張る。

磯だからこそ、周りの海底の地形や潮の流れの様子、風の向き、撒きエサの中身や量などせわしく頭を巡らせながら、ひたすら魚の本能に添うように〝想像〟しながら、力いっぱい竿を振って、糸を遠くへ飛ばすのである。

このところずっと船釣りばかりで（安易な……とは言いたくないが）、ハードな磯はご無沙汰だった私も、子規にハッパをかけられたことだし、久しぶりのメジナ釣行に出ようかと思っているところである。少々錆びかけていた想像力にヤスリをかけて。

〈メジナのバター醤油焼き〉

【材料】二人分

メジナ大一尾、バター二〇グラム、醤油大さじ一・五、オイスターソース小さじ一、酒小さじ二

【作り方】

①メジナは三枚におろして二つに切る。
②バターを耐熱容器にいれて溶かす。
③醤油とオイスターソース、酒も加えて、メジナを一時間ほど漬ける。
④フライパンにクッキングシートを敷いて、③を皮の方から焼く。両面焼いて焼き目がついたら、漬け汁を加えて照りを出す。

小説家はぬかりなく…

今までにも書いたことがある気がするが、私が釣りの妙味に取りつかれたのは、今は亡き開高健の釣りエッセイからである。

　高校生のとき読み始めた彼の作品は、最初は「日本三文オペラ」や「パニック」「裸の王様」などの小説群で、その一行一句に込められた濃密さに目がくらみながら、必死で追いかけていた。

　そのうち彼は、アマゾン川流域や南北アメリカ大陸一気貫通、果ては戦火中のビアフラや東南アジアなどまで釣竿抱えて出発し、魚と格闘しながら（おそらくは自身にも沈潜しながら）書いた「釣りエッセイ」を、次々発表するようになる。「オーパ！」「オーパ、オーパ!!」「もっと遠く！」「もっと広く！」「フィッシュ・オン」「私の釣魚大全」（この二冊はもう少し前かもしれない）……。本屋に並ぶのをワクワクしつつ待ち望んで、手にした新品の一冊をちびちびめくり（一気に読むのが惜しくて）、結局は徹夜で読み終えてしまうのだったが。

　三〇歳を過ぎたころ、誘ってくれる人がいて、いよいよ現実の釣り体験が始まった。もちろん小説家のように壮大な釣行には遠く及ばず、ごく近場のアジ釣りやキス釣りなどがスタートだったが、だんだん深みにはまるにつれて九十九島や平戸、壱岐対馬などへもいそいそと出張るようになった。かかる経費と釣果の費用対効果は別として。

　三〇～四〇代のころは、まだバブル景気の残り香もあったから、海外取材の仕事もときどきあった。スペイン、ポルトガル、バリ島、台湾、ドイツ、アルゼンチンなどにインタビュー取材の依頼を受けたり、プライベートでも旅したとき、ノートや録音機、衣類や洗面具を詰めたトランクの片隅に、折り畳み式の竿と小さなリール、仕掛け数種、疑似餌をしのばせたのも、小説家へのひそかな憧れからだった。

海外取材というのは、言葉の問題もあり、気骨の折れることばかりだが、相手方とのスケジュールの空きが数時間あったときなど、ほんとうに釣りをしたこともある。台湾の基隆（キールン）という町の釣り堀。リスボンのテージョ川。ホーチミンの名も知れぬ泥川。ブエノスアイレスの、対岸がかすんで見えず海かと勘違いしそうなラプラタ川。

もちろん実際に釣れたかといえば、ほぼ皆無。ふらっと来たヨソ者にやすやすと釣られるほど現地の魚もアホではない。それでも、外国の川や海で釣り糸を垂らせただけで満足だったし、たとえ数時間でもその土地と五感で交われたような気がしたのだった。

カワカマス

ほんとうはこれらの土地以外にドイツ（ハンブルグ）のエルベ川も追加したいところだが、思いがけない理由で不可能となった。それは、どんな小さな川や池であろうと、ドイツで釣りをするには「国家免許」が必要だからである。泊ったホテルで、すっかり釣りの格好をして何気なく「この近くでどこか穴場はありますか？」と聞く私に、フロント係は厳然と「Nein（ナイン）（だめだ）」と断言した。

通訳によれば、エコロジー先進国らしく、自然環境を守り資源を枯渇させないためとか。免許取得には、魚の生態や繁殖、釣り道具、禁漁期間、自然や環境保護、法的規制など六〇時間（！）も講習を受け、それをもとに学科試験と、仕掛けを実際に作らせる実技試験があるらしい。いかにもドイツならではの緻密さである。実際に違反が見つかれば罰金が課せられ、過去には駐ドイツ北朝鮮大使がベルリンで無免許で釣りをして、警察に摘発されたこともあるようだ。

しかし、開高さんはドイツのバイエルンでパイク（カワカマス）釣りをし、「私の釣魚大全」にもその描写を彼らしい筆致で残している。

「魚釣りのすべては最初の一匹にある。一匹釣ったらそれでいいのだ。その戦慄も、その忘我も。数を釣って喜ぶのは幼稚である。はじめて来た異国の地で、はじめての日に、成魚を二匹も、しかも生餌でなく揚げたので、私は全身、充実した空無である。黄昏よ。雨よ。乱雲よ。バイエルンの遠い峯よ。さようなら。」

後で調べてみたら、旅行者が釣りをしたいときは、あらかじめ「日本での釣り歴の証明（釣りクラブからなど）」「短期間滞在であることの証明」、などをドイツ語で提出すれば許可が下りるそうだ。開高さんも事前にこの準備をぬかりなく整えて、勇躍飛び立ったのだろう。

ちなみに、当てがはずれた私は、しおしおとドイツから帰国した数週間後、糸島の湾内でカマス釣りをしてお茶を濁したのであったが……。

※カワカマスは体長一メートルにもなり、カエルでも一飲みする獰猛な大型淡水魚で、日本には生息しておらず、日本の（海）カマスとは全く異なる魚です。

〈カマス（海）の詰めもの焼き〉

【材料】二～三人分

カマス二尾、レーズン大さじ三くらい、クルミ（刻んで）大さじ三くらい、タイムやバジルなど好みのハーブ少々、バター大さじ一、オリーブ油適量、塩コショウ

【作り方】

①カマスの頭を落とし、内臓を出す。
②レーズンとハーブはあらく刻んで、クルミとやわらかくしたバターと練り混ぜる。
③カマスの表面とお腹に塩コショウし、②をお腹に詰めて上下を軽く押さえる。
④オリーブ油を塗って、グリルで焼く。

「雑」を、あなどるなかれ

釣りをする者にとって一番〝癪に障る〟のが、「エサ取り」という小魚たちだ。とくに岸壁や岩場から竿出しすると、眼下の水中にうようよと小さな魚影が群がっている。

エサを針につけて投下したとたん、目当ての鯛やイサキやアラカブなどが掛かる前に、すかさず食ってしまうのである。

それも、「おまえはエサより体が小さいンじゃないの⁈」と首をかしげたくなるような小魚が、ずうずうしくエサに食らいついてくる。種類としては、小さいフグやサバ、ベラ、そしてスズメダイなどだ。釣り族に言わせれば（失礼な話だが）「雑魚」ということになる。

先日も久しぶりに船で出かけたのに、このエサ取りに翻弄されっぱなしだった。水中の無数の群れに嘆息しながら針から外しているとき、ふと「雑魚」の「雑」の字つながりで、「雑兵」という言葉が浮かんできたのだ。

たぶん、少し前に出かけた旅の思い出がよみがえってきたのだろう。東京に用事があり、帰りに京都に寄る予定もあったので往復とも新幹線にした。友人たちは呆れるけれど、よほど遠方でない限り私は飛行機でなく陸路を選ぶ。車窓からの景色を眺めるのが無性に好きなのだ。

最近とくにはまっているのが、沿線に見える各地の「城」である。博多から東京までの間でも、まずは出発してわずか十数分後の「小倉城」を皮きりに、広島県に入れば「広島城」は少し遠くて見落とすこともあるが、福山駅では駅の真横に「福山城」が迫り、兵庫県となれば改装で輝く白さを取り戻した世界遺産の「姫路城」、その後、大阪・京都を過ぎると、立て続けなので気を許せない。

京都を出て一五分ほどで、少し遠くはあるが美景で知られる「彦根城」が望める。破風（はふ）の多い独特の景観だ。さらにすぐあと、田んぼの中に大きな看板出現。「佐和山城跡」の文字は、石田三成の居城がここだったと教えてくれる。

続く愛知県では、黒い壁が際立つ「清洲城」。織田信長はここから桶狭間の戦いに出陣して勝利をおさめた。

さらに進んで静岡県に入ると、これまた城続きで目が離せない。海に面した丘の上に建つ「熱海城」（史跡でなく観光施設だが）、さえぎるものなくはっきり見える「掛川城」、そして徳川家康に滅ぼされた北条氏の「小田原城」を眼中に収めると、もうすぐ横浜である。

とくに歴史好きというわけではないものの、日本史上三傑の信長・秀吉・家康や、その周辺の三成、幕末の井伊直弼たちの存在感が具体的に見えるようで、そんな思いにふけると博多～東京間の五時間半などあっという間なのだ。

今回は、帰りに寄った京都でも歴史上の人物に何度も遭遇した。習っている茶道の関係で大徳寺に詣り、いくつかの茶室を見学したのだが、一つは細川忠興と夫人ガラシャの菩提寺「高桐院」。敷地内には、秀吉が開いた「北野大茶会」の際に造られた茶室を移築した「松向軒」がある。この大徳寺内には、この他にも三成の菩提寺「三玄院」や、豊後大友義親の菩提寺「龍玄院」、信長が父を弔うために建てた「黄梅院」、前田利家ら加賀前田家の歴代君主が眠る「芳春院」など、まさに日本史のオンパレードである。

拝観できる茶室では、ほの暗い空間でかの人々らが静かに一服味わっていたのだ

ろうと、こちらも想像がどこまでも膨らんでしまう。

そして思うのは、こうして名前が古文書に残る著名人で「なかった人々」のことだ。

戦国の世で名だたる戦がたびたび起こり、大将たちは奥の陣で命令を出していればよかっただろうが、前線ではどれほどの「雑兵」たちが命を落としたことだろう。まさに死屍累々。その一人ひとりの人生など、歴史には一切出てこない。それでも、彼ら大勢の部下たちが命を賭して戦ったからこそ、信長も秀吉も家康も戦乱を勝ち抜いて歴史に名を残せた。今私たちが生きている日本の歴史とは、その無名無数の人々たちが築き上げてきたのだといっていい。

釣りの世界で雑魚の代表格といわれるスズメダイだが、実は博多の人間にとっては少々異論のあるところ。博多の郷土料理「あぶってかも」は、このスズメダイに塩をして焼いた料理なのである。小さいくせに脂がのり、香ばしく焼くと実に美味。「雑」ならではの強さ、したたかさといえようか。

〈スズメダイのチャリフェ（韓国辛味噌酢和え）〉

【材料】三～四人分

スズメダイ七～八尾、A（コチュジャン大さじ二、砂糖大さじ一、醤油小さじ一、酢大さじ一、すりゴマ大さじ2、ごま油小さじ二）、キュウリ一本

【作り方】

①スズメダイのヒレをキッチンバサミで切り取り、ウロコも落とす。

②頭を包丁で落とし、内臓部分を骨ごと切り取る。

③中骨ごと、薄切りにする（背ごし）。（大きいものなら三枚におろして細切りに。

④③を氷水で一分ほど締め、ペーパーで水気を取る。

⑤キュウリは千切りに。

⑥Aの材料を合わせ、スズメダイとキュウリを混ぜ合わせて味をなじませる。

Foolish を目指す

マンション一階の郵便受けに新聞を取りに行ったら、チラシも数枚入っていて、その一枚に目が行った。「この近辺を担当になりました」という書き出しで、某証券会社の営業マンが入れていったものらしい。

ていねいな挨拶とともに、自分のプロフィールまで書き添えてあった。名前に始まり、出身地、卒業大学、趣味・特技（個人情報スレスレである）そして、座右の銘まで。

彼が信条とするその言葉は、「Stay hungry Stay foolish」だそうだ。ご存じの方も多かろうが、これはアップル社を創設した亡きスティーブ・ジョブズ氏が、二〇〇五年にスタンフォード大学の卒業式で述べたスピーチの、最後の一節である（「The Whole Earth Catalog（全地球カタログ）」最終版の言葉を引用して）。

「ハングリー」の方は、「いつまでも挑戦者の気持ちを忘れるな」という意味に受け取っていいだろう。次の「フーリッシュ」が、以来何度も論議の的になってきた。そのまま直訳して「愚かでい続けろ」……。無論そう単純ではあるまい。

ジョブズ氏が仏教に深く傾倒していたことはよく知られている。浄土宗の法然上人が「浄土宗の者は愚者となりて往生す」と遺した言葉を、彼は知っていたのかもしれない。「人間とは、いくら修業を重ねても〝どうしようもない業〟を捨てられないものだ。そんな愚かな自分としっかり向き合って気づくことで、人は多々な執着から解放され、心の平安を得るのだ」と、法然さんは喝破したのではないか。

思い出したのは、私が大学生のころ、ある夏休みの課外活動の一環で、小さな禅寺に何度か通ったときのこと。そこの和尚様が私たちにこんな法話をされた。

「人間には四つのタイプがある。〈かしこ・かしこ〉〈かしこ・あほう〉〈あほう・かしこ〉〈あほう・あほう〉の四つだ」と。

一番目のは「賢そうに見えて、内面もやはり聡明」。二番目が「賢そうに見えるが、中身は愚か」。三番目が「一見凡庸に見えるが、内面は充実している」。最後が「外から見ても中を探っても、とことんアホ」。

最後のは論外であるが、最初のタイプもあまりに完璧で、ちょっととっつきにくい。問題は二番目と三番目である。

和尚様が私たちに勧められたのは三番目だった。外見は才気煥発でなくてもいい、しっかり中身のある人間になれと、言外に諭されたのだと思う。講義の時間に妙に知ったかぶりをしたり、いろんな課題について熟考せず安易に答えを出そうとしたとき、和尚様がかなりきつく叱責されたことを、今も折々に思い出す。

ジョブズ氏の「愚かであれ」も、似たような意味ではないか。どんなに成功しても、万事うまくいっているときも、「自分は愚かなところがあるのだ」と絶えず自戒し、進むべき方向や内容を再確認し、決して慢心しないようにと、後に続く若者たちに示唆したのだと思う。頭でっかちで尊大なエリートには、なってくれるなと。

卒業式や入学入社式でいろんな祝辞が披露される中、この「愚かであり続けろ」も誰かが引用しているかもしれない。

陽気もすっかりよくなって、釣り人たちも岸壁に竿出しに出かけたくなる。河口付近の砂地あたりで、カレイ狙いの人もいる。ときにカレイならぬコチがよく

掛かってくる。

この魚、魚体が普通の魚とかなり違う。上から〝押しつぶした〟ような、平べったいスタイルなのだ。砂地に這(は)いつくばるようにして生息するからである。

何より独特なのは、頭と体の比率。異様に頭がデカイ！「結構大きいのが掛かった！」と喜んでも、いざ持ち帰ってさばいてみると、身の量が意外に少なくてがっかりする。頭が大きいと言ったって、ほとんどが骨なのだからしかたない。

「お前はそんなに頭でっかちで、ほんとうはアホなのかい？　賢いのかい？」と、つくづく尋ねてみたくなる。食すれば、刺身（薄造り）でよし、塩焼きでよし、天ぷらも結構と、味は抜群なのであるが。

〈コチ飯〉
【材料】マゴチ中一尾、米二合、塩少々、昆布一〇センチ角一枚、白だし大さじ一・五、酒小さじ二、オリーブ油小さじ一
【作り方】
①マゴチを三枚におろして、腹周りの小骨を抜いておく。両面に塩を振る。
②グリルかオーブントースターで①の身と骨もこんがり焼く。
③昆布を浸しておいた二・五カップの水を鍋に入れて火にかけ、昆布を取り出した後に焼いた骨を入れてしばらく煮だす（だし）。
④土鍋に、研いだ米と③のだし二カップを入れ、醤油と酒、オリーブ油も加え、マゴチの身をほぐして上に敷き詰めて、ふたをして炊き上げる。

コラム④ 陸の上でも使えるか?! 釣り特有の「隠語」

〈たな〉……海中のどこにでも魚が泳いでいるわけではなく、それぞれの生態によって棲む深さが違う（水中浅めや深め、海底など）。目当ての魚のそれを知り、そのときの潮の具合なども考慮して、「今、どの深さ（たな）にエサを垂らせばいいか」を判断。

〈鳥山・なぶら〉……ブリやサワラなど大型魚が小魚の群れを追いまわすと、群れは海面近くに浮上し、波立ったようになる（なぶら）。それを鳥たちが見つけて海面近くに集まってくる（鳥山）。どちらも釣り人たちが魚を感知する目安であり、見えたら船を急行させる。

〈あたり〉……水中のエサに魚が食いついて、竿先やウキに動きが出ること。手に直接震動が伝わることもある。ただし、勢い込んですぐに糸を巻いたりすると、せっかくエサを口に含んだ魚が吐き出して〝空振り〟になるので、見極めが肝心。

〈あわせ〉……あたりを感じて様子を見て（ときには針の抵抗を減らすため糸を出すことも）、ちゃんと飲み込んだと判断したら「クイッ」と竿を上げてしっかり針を食いこませる。

〈おまつり〉……船中、何人かで並んで竿を出している際に海中の糸同士がからまること。両方が手早く引き上げてもつれをほどかないと、せっかくの群れを逃して周囲にも迷惑をかけるので、スピード感と正確さがモノを言う。どうしても焦って、メガネかけないともつれが見えず、ドツボにはまることも多々。

〈のっ込み〉……メスが腹に卵を抱えて、産卵期が近い時期。食欲も増進していわゆる「食いがたち」、危険を承知で猛然とエサにタックルしてくる。人間も魚も、子どもを産むということは死に物狂いなのだ。

〈ばらす〉……刑事ドラマでも殺人を意味して物騒な隠語だが、釣りでは少々間抜け。あわせもうまくいったつもりで釣りあげる途中、はずれてしまうこと。水面まで来て、目の前でばらしにあったりすると、戦意喪失も甚だしい。

〈つ抜け〉……「ばらし」のショックにも耐え、その後はトントンと釣りあげて、結果は大爆釣。一〇尾以上釣れたらこう言える。その心は、「ヒトツ、フタツ、ミッツ……ココノツ、トオ」と、一〇以上は「ツ」が取れるから。こんな僥倖はまずレアである。

〈ボウズ〉……端的に「釣れなかった」。なぜボウズと言うかは諸説あり、「(毛が)ない」からとか、「殺生をしなくて済んだ」からとか。帰りの疲労も倍増である。

〈外道(げどう)〉……『仁義なき戦い』のセリフに飛び交っていたが、こちらはもう少し可愛げが。鯛やイサキを狙っていたのに、目的以外のフグやベラやエソなどが上がってくると、「この〇〇外道が…」とレディでも口に出る。やっぱり仁義なき〜に似てるか。

〈まずめ〉……けっこう品のないフレーズが多い中、これは本当に響きも美しい。夜明け前後の「朝まずめ」、日没前後をさす「夕まずめ」。魚の食欲が上がり、釣れるタイミングである。

おわりに

昨年から、あるプロジェクトで料理に携わっている。

福岡市の中心部、福岡城そばの「鴻臚館」遺跡に関わるもので、七世紀から十世紀ごろの奈良時代に中国（唐・宋）や朝鮮半島（新羅）と日本を行き来した人々（僧や商人、遣唐使、遣新羅使など）を博多の地で接待した迎賓館「鴻臚館」で、いったいどんな料理が出されたのか推理検証し、できる限り再現しようという試みである。

荒波や水難の危機を乗り越えてやっと博多の港にたどり着いた旅人たちに、疲れを癒し精気を養ってもらえるよう、あるいはこれからはるばる船出する人々の健康を願って、千年以上前の調理人たちは心を砕いたことだろう。食膳にはきっと、眼下の博多湾で獲れた豊富な魚が並んだに違いないと、沿岸から出土した海の中道遺跡資料などから古代の博多湾の魚種を調べたりもした。

遺跡から発掘された遺物からは、魚の骨で作った釣針や（これはもっと前の縄文時代あたりだろうが）、タコつぼなども見つかっている。また宗像市の大穂町原遺跡からはアラ釣り用の鉄製釣針も出土したらしい。

千年前、五千年前、一万年前にこの海のそばに住んだ人々も、岸辺から、あるいは手製の粗末な小船に乗って、博多湾に釣り糸を垂れたのだろう。今のように優秀なレーダーも魚群探知機もない、針だって武骨でもろかったはずだ。魚の群れは今より豊富だろうが、漁獲率はうんと低かったに違いない。それでも、「この魚を、腹をすかせた家族が待っている」という熱量は、今の呑気な釣り人の比ではなかった。

このプロジェクト期間中にも、釣りには何度か出かけている。竿先をぼんやり眺めながら、ふと鴻臚館時代の漁師に思いが飛ぶ。竿や糸の微妙な動きに目を凝らし、水中の魚のエサの食い方を想像しながら、息を詰めて合わせるタイミングをはかる……道具は違っても、魚と人の駆け引きそのものに全く変わりはないのだ。自分が千年のときを超えて、当時の漁師にタイムスリップしたような幻想を何度も味わったものである。

最近は、密にならず自然相手に楽しめるアクティビティということで、釣りファンも増えているらしい。私もこれから、釣り日和があればできるだけ海に出たいと願っている。そしていつか機会があれば、日本各地の漁のあり方や漁具の変遷などを調べてみたいと、真剣に思う。

最後に、本書の料理写真をすべて撮影していただいた毎日新聞写真部の皆様、そして魚や釣りのイラストを「西日本文化」連載時から添えてくださった広野司氏に、心からの謝意を申し上げます。

魚種と魚料理　索引

［著者略歴］

富松由紀（とみまつ・ゆき）

〈略歴〉

一九五四年、福岡県生まれ。福岡女子大学卒業後、ＦＭ福岡勤務を経てフリーライターに。企業の情報誌や月刊誌などに取材執筆。また料理好きが高じて、レシピ考案や撮影コーディネートの仕事も並行している。主な釣行場所は九州各地。著書に、料理とエッセイの『う・う〈旬の生活〉』（ＴＯＴＯ出版）。海外で活躍する日本人を取材した『赤い道』『夢は石の中に』『音の色』（ゼネラルアサヒ）など。現在毎日新聞に料理とエッセイの「ひと皿、ひと福」を連載中。

魚はわが師匠
——釣り師の料理ノート

二〇二一年十二月三〇日発行

著　者　富松由紀

発行者　小野静男

発行所　株式会社　弦書房

（〒８１０・００４１）
福岡市中央区大名二—二—四三
ＥＬＫ大名ビル三〇一
電　話　〇九二・七二六・九八八五
ＦＡＸ　〇九二・七二六・九八八六

印刷・製本　アロー印刷株式会社

落丁・乱丁の本はお取り替えします

ISBN978-4-86329-234-5 C0076

◆弦書房の本

米旅・麺旅のベトナム

木村聡　フランスの植民地、ベトナム戦争の経験さえも取り入れながら育まれた豊かな米食文化の国「ベトナム」を30年以上にわたって取材し続けた写真家による写真記録集。もうひとつの瑞穂の国・箸の国は、懐かしさと驚きにあふれていた　〈A5判・220頁〉　1800円

地魚は今… ルポ漁

山城滋　漁船に乗り込み、早朝の漁港へ水揚げされる現場を克明に追ったルポ。鮮魚売り場に並ぶ地魚は量も種類も減少しているが、それはなぜか。沿岸漁業はどうすれば持続できるのか。22種の地魚の話と、漁師の仕事場の最前線を紹介する。〈四六判・272頁〉1900円

農泊のススメ

宮田静一　「人生はバカンス」を合言葉に、「グリーンツーリズム」と「農泊」発祥の地・安心院（大分県宇佐市）で試行錯誤を繰り返しながら、農村と都市をむすぶ交流を続けてきた25年以上におよぶ実践録。安心院を訪れた人々の感動の声も収録した。〈四六判・240頁〉1700円

外来食文化と日本人

八百啓介・九州外来食文化研究会編　日本が育てた外来食文化、お茶・砂糖・南蛮菓子。ロールケーキ、ブランド飴「三官飴」、彩色おこわ、泡立つお茶、バナナと砂糖など、食の多様性と賑わいぶりを紹介。外来食はどのように受容され発展してきたのか。〈四六判・180頁〉1800円

タコと日本人　獲る・食べる・祀る

平川敬治　世界一のタコ食の国・日本。〈海の賢者〉タコの奇妙な習性を利用したタコ壺漁の話やタコ食文化、タコの伝説など、考古学的、民族学的、民俗学的な視点をもり込んで、タコと日本人と文化について考える比類なき《タコ百科》　〈A5判・220頁〉　2100円

＊表示価格は税別

◆弦書房の本

博多ふるさと野菜

博多ふるさと野菜を語る会編　博多の食文化が育んだ博多野菜は三大地方野菜のひとつ。生産者、研究者、市場関係者、食文化研究家、料理人など食に関わるさまざまな人たちが、ふるさとの野菜の特長とおいしい食べ方を紹介する。〈Ａ５判・１３６頁〉**１５００円**

魚と人をめぐる文化史

平川敬治　アユ、フナの話からヤマタロウガニ、クジラまで。川から山へ海へ、世界各地の食文化、漁の文化へと話がおよぶ。魚の獲り方食べ方祀り方を比較。日本から西洋にかけての比較〈魚〉文化論。有明海と筑後川から世界をみる。〈Ａ５判・２２４頁〉**２１００円**

産業遺産巡礼《日本編》

市原猛志　身近なまちかどの産業遺産２００選。その遺産はなぜそこにあるのか。その価値はどこにあるのか。全国津々浦々20年におよぶ調査の中から、選りすぐりの２１２か所を掲載する。写真６００点以上を収録。〈Ａ５・３１８頁〉**２２００円**

九州遺産　近現代遺産編101

砂田光紀　近代九州を作りあげた遺構から厳選した101箇所を迫力ある写真と地図で詳細にガイド。産業遺産（橋、ダム、灯台、鉄道施設、炭鉱、工場等）、軍事遺産（飛行場、砲台等）、生活・商業遺産（役所、学校、教会、劇場、銀行等）を掲載。〈Ａ５判・２７２頁〉**【10刷】２０００円**

白い瑞鳥記

大田眞也　白いカラスは普通のカラスたちから仲間はずれにされている——。きわめて稀にしか観察できない白化白変した野鳥の生態写真と、ハクチョウやシラサギなど白い鳥たちの生態を活写した貴重なフィールドノート。**【写真一〇〇点収録】**〈Ａ５判・１６８頁〉**１８００円**

＊表示価格は税別